ARCHE

Die Bestsellerautorin Beate Rygiert ist leidenschaftliche Blumenliebhaberin, seit sie mit fünf Jahren ein eigenes Beet bekam. In diesem Band erzählt sie von ihren Entdeckungen, wirft kulturhistorische Seitenblicke und ergründet unser ganz besonderes Verhältnis zu den Blumen. Dabei geht es nicht nur um die großen Diven der Blumenwelt, sondern auch um die oft übersehenen Blüten am Wegesrand.

Beate Rygiert erholt sich am liebsten in ihrem Blumengarten. Nach dem Studium der Theater- und Musikwissenschaften sowie der italienischen Literatur in München und Florenz war Rygiert mehrere Jahre Musikdramaturgin an verschiedenen deutschen Bühnen. Heute lebt sie mit ihrem Mann im Schwarzwald und widmet sich neben dem Schreiben auch immer wieder der prachtvollen Blumenwelt vor ihrem Fenster.

Beate Rygiert

DAS
BUCH
DER
BLUMEN

 ARCHE

Inhaltsverzeichnis

Der lebendige Name
Eine Einleitung
7

Die Rose
Königin mit Dornenkrone
11

Die Tulpe
Schönheit aus dem Osten
25

Die Nelke
Wenn eine Blume Politik macht
43

Amaryllis oder Ritterstern
Die Schimmernde
53

Die Orchidee
Elegant und voller Tricks
63

Das Veilchen
Duftstarker Winzling
79

Der Kaktus
Die zarte Seite eines stacheligen Gesellen
89

Der Mohn
Schlafbringende Schönheit
101

Die Kamelie
Rose des Winters
113

Hexenbesen oder Kuhschelle
Wiesenblume mit starken Eigenschaften
127

Zinnie und Kapuzinerkresse
Eine Lanze für altmodische Schönheiten
135

Gänseblümchen und Co.
Oder: Was ist eigentlich Unkraut?
143

Zitatquellen
157

Der lebendige Name

Eine Einleitung

Ich war fünf Jahre alt, als mir meine Mutter in unserem Hausgarten eine Ecke frei machte mit den Worten: »Das ist jetzt dein Beet.« In ihrem Korb lagen Samentüten, von denen ich mir eine aussuchen durfte, und ich entschied mich für die farbenfrohste mit der Aufschrift »Mittagsblümchen«. Da ich gerade schreiben lernte, beschloss ich, meinen Namen in die Erde zu säen. Dabei war ich froh, nicht Alexandra oder Katharina zu heißen, denn schon die fünf Buchstaben meines Namens forderten meine ganze Konzentration, bis sie in die krümelige Erde geschrieben waren. Sorgfältig verteilte ich die Samen in den Furchen, deckte sie zu, goss sie vorsichtig an – und das Warten begann.

Als die Mittagsblümchen endlich keimten, erfuhr ich zum ersten Mal die Freuden und Leiden einer Gärtnerin. Nicht jeder Samen ging auf, mancher Keimling fiel den Schnecken zum Opfer, andere hatte mein Gießwasser aus der Reihe geschwemmt, und sie mussten behutsam versetzt werden. Am Ende aber stand er da, in Blumen geschrieben, mit etwas Fantasie, und davon hatte ich reichlich, gut zu lesen: mein Name.

Die kunterbunten Mittagsblümchen öffneten ihre Blüten im Sonnenlicht und schlossen sie, sobald es schattig wurde. Fasziniert sah ich zu, wie mein Name lebte, sich öffnete und schloss und von Bienen und Schmetterlingen besucht wurde. Meine Mutter zeigte mir, wie ich verblühte Stängel vorsichtig entfernen konnte, damit die Pflanzen noch mehr Kelche trieben. Und schließlich, als sich der Sommer seinem Ende zuneigte, lernte ich, die letzten Mittagsblümchen stehen zu lassen und ihre Samen zu ernten, aus denen im nächsten Jahr neue Pflanzen entstehen würden.

Dieser Sommer hat mein Verhältnis zu Pflanzen im Allgemeinen und Blüten im Besonderen grundlegend geprägt. Und obwohl es noch Jahrzehnte dauern sollte, bis ich einen eigenen Garten besaß, so hatte ich den Kreislauf von Säen, Pflegen, Bewundern und Ernten und vor allem von Werden und Vergehen ein für alle Mal verinnerlicht. Als die Überreste meines eben noch blühenden Namens dem Spaten zum Opfer fielen und mein Vater den gesamten Garten umgrub, wie man in der Schule die Tafel auswischt, um etwas Neues darauf zu schreiben, war ich den Tränen nah. Doch in der Hand hielt ich das selbst gefaltete Tütchen mit den Samen wie ein Unterpfand dafür, dass alles irgendwann wieder beginnen würde.

Wenn wir im Supermarkt zehn abgezählte Import-Blumen in der Plastikfolie aus dem überfüllten Container ziehen, ist von dem Zauber dieses Kreislaufs nicht viel zu spüren. Sie werden uns ein paar Tage lang erfreuen, dann lassen sie ihre Köpfchen hängen und wandern in den Biomüll. Dass sie dennoch massenhaft gekauft werden, obwohl sie keinen Duft zu bieten haben und es angesichts der Chemikalien, die für ihre Erzeugung angeblich notwendig sind, gefährlich sein könnte, an ihnen zu schnuppern, macht deutlich, wie sehr wir uns nach Blumen sehnen.

Aber warum ist das so? Warum empfinden wir eine gedeckte Tafel als vollständiger, wenn sie mit Blüten dekoriert ist? Warum freut sich jeder über einen Strauß? Wieso gehören Blumen zu jedem festlichen Anlass, begleiten sie uns doch im wahrsten Sinne der Worte von der Wiege bis ins Grab? Was können uns Blumen geben, erfüllen sie doch keinen praktischen Nutzen? Sind sie etwa doch mehr als bloße Dekoration?

Befragen wir sie doch einfach selbst, indem wir einer völlig willkürlichen Ordnung folgen und dennoch mit der Pflanze beginnen, die in unserem Kulturkreis als beliebteste Blume überhaupt gilt: der Rose.

Die Rose

Königin mit Dornenkrone

Ein heißes Bad mit Rosenduft – gibt es etwas Wohltuenderes? Die Anspannung nach einem ausgefüllten Arbeitstag, nach heftigen Diskussionen und einer langen To-do-Liste lösen sich im Nu auf, wir schließen Frieden mit der Welt, und was noch wichtiger ist: mit uns selbst. Nach neuen Forschungen soll uns der Duft von Rosen angenehme Träume schenken, vielleicht ist dies der Grund, warum Dornröschen ausgerechnet von einer Rosenhecke umrankt so lange schlief. Die Blüte ist zart, doch der Stock trägt Dornen – die botanisch korrekt eigentlich Stacheln sind –, so als müsste sie sich angesichts ihrer Attraktivität schützen. Den Schutzwall durchdringt nicht jeder, und das ist gut so. Die Zeit steht still, wenn der Zauber der Rose über ein Menschenleben fällt, bis sich das Schicksal – oder anders gesagt: die Liebe – erfüllt.

Dass die Rose als das Symbol für Liebe schlechthin gilt, ist allgemein bekannt. Sie ist die Blüte der Wahl, will man zärtliche Gefühle zum Ausdruck bringen. Dabei spielt die Farbe eine semantische Rolle, auch wenn diese »Sprache« heute nur noch wenigen bekannt ist. Die rote Rose erklärt eine leidenschaftliche Liebe, die weiße steht für Unschuld und Treue, die rosafarbene signalisiert Bewunderung, während die gelbe Rose traditionell als Symbol der Eifersucht angesehen wird, aber auch als Angebot der Versöhnung und des Zusammenhalts.

Die Geschichtenerzähler des griechischen Altertums berichten, dass Aphrodite, die Göttin der Liebe, aus dem Schaum des Meeres geboren wurde, zusammen mit einem weißen Rosenstrauch. Ihre Unschuld verliert die Rose erst, als Aphrodite ihren Gefährten Ares mit Adonis betrügt. Eifersüchtig erschlägt Ares seinen Nebenbuhler, und als Aphrodite zu ihrem sterbenden Geliebten eilt, tritt sie in einen Rosendorn. So färben sich die ursprünglich weißen Rosenblüten rot und werden zum Sinnbild für die leidenschaftliche Seite der Liebe.

Eine jahrhundertelange Züchtungsgeschichte sorgte dafür, dass uns die Rose heute in vielerlei Gestalt begegnet: von der einfachen Heckenrose, der stark duftenden Hundsrose, bis hin zu den veredelten Sorten, ob englisch oder französisch, historisch oder hybrid, in allen Farbspielen von Weiß über Gelb und Orange zu Rot und Violett. Und doch ist sie sich in jeder noch so exquisiten Gestalt treu geblieben und wiedererkennbar, ob gefüllt oder fünfblättrig, duftend, rankend, strauchig, klein- oder großblütig – eine Rose ist eine Rose ist eine Rose, das wusste schon Gertrude Stein.

Betrachten wir ein paar Fakten: Im Jahr 2018 wurden rund 1,4 Milliarden Rosen als Schnittblumen in Deutschland verkauft. Zwei Drittel von ihnen stammten von den Umschlagplätzen in den Niederlanden, der Rest hauptsächlich aus Kenia und Sambia, aus Ecuador und Äthiopien. Die Rose gehört, zumindest in der westlichen Welt, statistisch zu den beliebtesten Schnittblumen, was nicht verwundert, betrachtet man das Angebot in den Floristikgeschäften landauf, landab. Auch wenn das Angebot nur gering ist, eine Rose ist so gut wie immer vorhanden. Denn kulturübergreifend wird sie geliebt und verehrt, und das offenbar schon viele Tausend Jahre lang.

Ihre Beliebtheit verdankt die Rose ganz unterschiedlichen Eigenschaften. Ihr Erscheinungsbild entspricht unserem Gefühl für Schönheit und Harmonie, sie findet sich in vielen Wappen als Zeichen der Vollkommenheit, und wer selbst einen Rosenstrauch besitzt, erlebt immer wieder das Staunen vor jeder neuen Blüte. Keine scheint der anderen zu gleichen, auch wenn Farbe, Anzahl der Blütenblätter und Staubgefäße jedes Mal derselben Ordnung gehorchen. Verblüffend wirkt die unfassbar hohe Zahl an Variationen, in der diese Blume auftritt und doch immer sie selbst bleibt.

Geliebt wird sie außerdem ihres Duftes wegen, auch wenn dieser nicht bei allen Rosen gleich stark ausgeprägt ist. Schon sehr lange versucht der Mensch, diesen Duft der Blüte zu entreißen und ihn sich in allen Konzentrationen verfügbar zu machen. Überliefert ist ein Text aus dem 3. Jahrhundert vor Christus des griechischen Philosophen und Naturforschers Theophrastos von Eresos, eines Schülers von Aristoteles, in dem beschrieben wird, wie man den Duft der Rose mittels der Extraktion mit Sesamöl gewann. Das viel feinere Verfahren der Destillation, bei dem man als Nebenprodukt das Rosenwasser erhält, wurde wahrscheinlich im alten Persien entwickelt und gelangte erst um die erste Jahrtausendwende nach Europa.

Vor allem zwei Sorten eignen sich zur Gewinnung des begehrten Rosenöls, die *Rosa centifolia* und die *Rosa damascena.* Letztere findet ihr ideales Klima in Bulgarien, in der Region Kasanlak, auch »Rosental« genannt. Hier wird seit Mitte des 18. Jahrhunderts vor allem die Damaszener-Rose angebaut, das Duftöl aus ihren handgepflückten Blüten deckt bis heute rund 70 Prozent des weltweiten Bedarfs der Kosmetik- und Parfümindustrie.

Der Aufwand ist gigantisch: Um einen Liter Rosenöl zu gewinnen, braucht man vier Tonnen handgepflückter Blüten. Sieben Mal wird das Öl destilliert, bis es die gewünschte Reinheit besitzt. Wen wundert es da, dass Rosenöl das teuerste Aromaöl überhaupt ist? Gehandelt wird der ölgewordene Duft in Millilitern, und für einen solchen Tropfen bezahlt man gut und gern 10 bis 20 Euro.

Aber warum duften Rosen überhaupt?

Es wäre natürlich sehr anthropozentrisch, wenn wir glauben würden, sie täte es, um uns Menschen zu erfreuen. Rosen, wie alle anderen Duftpflanzen, verströmen ihren Wohlgeruch einzig und allein, um Insekten anzulocken und damit ihren Fortbestand zu sichern. Bienen, Hummeln, Wespen, Schwebfliegen, Mücken und Käfer, aber auch Vögel und sogar Fledermäuse finden bei den Rosenblüten Nahrung in Form von Pollen und Nektar und bestäuben ganz nebenbei, ohne davon die geringste Ahnung zu haben, die Blüte.

Es ist also ein Tauschhandel: Das Tier erhält Nahrung gegen einen überlebensnotwendigen Liebesdienst. Und das Aushängeschild dafür sind, neben der Form der Blüte je nach anzulockendem Insekt, die Farbe – und der Duft.

Doch woraus besteht er, viel beschworen und besungen?

Duftstoffe sind Substanzen aus winzigen Molekülen, die so leicht sind, dass sie durch die Luft schweben können. Täglich ziehen Hunderte von Düften an unserer Nase vorüber, ohne von uns bewusst wahrgenommen zu werden. Dennoch beeinflussen uns mehr davon, als wir merken, wirken sie doch über die Nase direkt auf unser Gehirn. Und so kommt es, dass uns manche Menschen unangenehm sind, ohne dass wir es uns erklären können: Unsere Nasenschleimhäute fangen Duftpartikel auf, die wir aus uns unbewussten, tief liegenden genetischen Gründen als abstoßend empfinden.

Der menschliche Geruchssinn nimmt nur Düfte wahr, die eine geringere relative Molekülmasse als 295 besitzen. Erschnuppert unsere Nase jedoch einen außergewöhnlichen Duft, reagieren wir unwillkürlich mit intensiverem Schnüffeln und nehmen auf diese Weise mehr Duftmoleküle auf als beim normalen Atmen. Interessanterweise setzt sich der Duft der Rose aus 450 bekannten und 120 noch nicht bekannten Bestandteilen zusammen, die sich von Sorte zu Sorte unterscheiden und so jeweils ihr spezifisches Duftbouquet bilden.

Wie raffiniert die Pflanze ihre Bestäuber manipuliert, wird deutlich, wenn man sich die strategische Verteilung der Duftmoleküle auf der Blüte ansieht. Im äußeren Bereich locken Rosenalkohole wie Citronellol, Geraniol und Nerol Bienen, Hummeln und Hornissen an, während unerwünschte Gäste sich davon abgestoßen fühlen. Einmal auf der Blüte gelandet, geraten die Bestäuber in einen wahren Phenylethanol-Rausch und kriechen derart betört weiter in die Mitte der Rose, wo ihnen vertraute Gerüche wie Eugenol und Citral, die sie aus ihrem eigenen Bienenstock kennen, entgegenströmen. Die Gäste fühlen sich buchstäblich »wie zu Hause«, tänzeln selig mit ihren Körpern hin und her, verteilen die mitgebrachten Pollen anderer Blüten und vollziehen so die ersehnte Bestäubung. Ist es nicht großartig, dass wir Menschen von diesem Liebeshandel ebenfalls profitieren?

Vom Duft ist es nicht weit zu anderen sinnlichen Genüssen. Schon seit langer Zeit bescheinigt man dem Aroma der Rose eine wohltuende Wirkung. In der Aromatherapie spricht man von »Herznote«, und genau solche Wirkungen auf die Gefühle, die dem Herzen zugeordnet sind, versuchte man zu nutzen.

Casanova wird nachgesagt, dass er die nackten Körper seiner Geliebten mit Rosenwasser beträufelte, bevor er sich mit ihnen vereinigte. In Persien hieß es, ein Mädchen könne die Liebe eines Mannes zurückgewinnen, wenn sie sein Hemd in Rosenwasser wasche.

Außerdem bildet es die Grundlage jedes »Liebestranks«, und es gibt unzählige Rezepte für angeblich aphrodisierend wirkende Liköre und Desserts, Gelees und Teemischungen, die mit den aromatischen Blättern von Duftrosen die letzten Zweifel an einem erotischen Nachspiel beseitigen sollen.

Auch Hildegard von Bingen, eine der faszinierendsten Frauen des Mittelalters, schätzte die Rose als Beigabe zu jeder Medizin, denn nach ihrer Auffassung konnte sie die Wirkung anderer Heilpflanzen grundsätzlich verstärken. Als versierte Naturheilkundlerin verfasste sie die Schrift *Physica*. Darin schreibt sie (1. Buch, Kapitel 22): »Die Rose ist auch gut zu Tränken und Salben und zu allen Heilmitteln, wenn sie ihnen beigefügt wird; und sie sind umso besser, wenn ihnen etwas von der Rose beigefügt wird, wenn auch wenig, das heißt von ihren guten Kräften.«

Womit Hildegard von Bingen schon andeutet, dass es des Guten zu viel sein kann und der Rose, im Übermaß gebraucht, auch »schlechte« Kräfte innewohnen – vermutlich spielte sie hier auf die aphrodisierende Wirkung an. Unter den von ihr empfohlenen Rezepten sei das Rosen-Oliven-Öl zum Einmassieren genannt, bei dem echtes Rosenöl im Verhältnis 1:100 mit reinem Olivenöl vermischt wird. Helfen soll es bei Kopfschmerzen, Verspannungen und Nervenschmerzen.

Interessant finde ich ihre Empfehlung gegen Jähzorn: »Und wer jähzornig ist«, schreibt sie, »der nehme die Rose und weniger Salbei und zerreibe es zu Pulver. Und in jener Stunde, wenn der Zorn in ihm aufsteigt, halte er es an seine Nase. Denn der Salbei tröstet, die Rose erfreut.«

Im deutschen Volksglauben spielt die Rose eine nicht weniger wichtige Rolle. So sollen drei rote Rosenbüsche im Garten unerwünschte Besucher fernhalten. Hebammen vergruben nach erfolgreichen Geburten die Nachgeburt unter einem Hundsrosenstrauch, der bei den Germanen der Fruchtbarkeitsgöttin Freya geweiht war.

Und nicht nur um die Blüten, auch um die Früchte der Rose, die Hagebutten, ranken sich zahlreiche Legenden. Sie galten als probates Mittel gegen jede Art von Verhexung. Gaben Kühe keine Milch, schlugen die Bäuerinnen mit Hagebuttenzweigen ins Feuer. Überhaupt war es üblich, Gebinde aus Rosenfrüchten nicht nur in den Stall, sondern auch an die Haustür zu hängen. Von dort stammt der heute noch beliebte Brauch, im Herbst die eigene Haustür mit einem Kranz aus getrockneten Beeren und Früchten zu dekorieren.

Bedeutsam waren die Früchte der Hundsrose für die einfache Bevölkerung zu allen Zeiten aufgrund ihres hohen Gehalts an Vitamin C. Außerdem verfügen sie über die Vitamine A, B, E und K, wertvolle Flavonoide, Karotin, Pektin, Fruchtsäure und Gerbstoffe. Es ist mühsam, die kleinen harten Früchte von ihren haarigen Samen zu befreien und zu Mus zu zerkochen, doch gerade während der Hungerjahre in und nach den Weltkriegen bildeten sie für viele Menschen eine wichtige, wenn nicht die einzige Vitaminquelle.

Kein Wunder also, dass neben dem Holunderstrauch,

dessen Beeren ähnlich wertvolle Nahrung bieten, die wilde Heckenrose oder Hundsrose den Menschen lieb und teuer war. Bemerkenswert ist die Legende vom Tausendjährigen Rosenstock von Hildesheim, die aus dem Jahr 815 stammen soll und bis in unsere Zeit hineinwirkt:

Kaiser Ludwig der Fromme, einer der Söhne von Karl dem Großen, ging in der Nähe des heutigen Hildesheims auf die Jagd. Als am Abend die Zelte aufgeschlagen wurden und ein Gottesdienst gefeiert werden sollte, stellte man fest, dass ein wichtiges Reliquienkreuz verloren gegangen war. Es wurde in einem mächtigen Heckenrosenstrauch gesichtet, doch es war unmöglich, das Kreuz aus den Dornen zu bergen. Statt zornig zu werden, sah der Kaiser darin ein göttliches Zeichen und ließ an dieser Stelle eine Kapelle zu Ehren der Gottesmutter Maria errichten. Dabei wurde der Rosenstock geschont, es heißt, der Kaiser habe eigenhändig seine Ranken um die Apsis der Kapelle gelegt.

An derselben Stelle steht heute der Hildesheimer Dom, und noch immer, trotz Neubau, Brand und Zerstörung während einer wechselvollen Geschichte, überlebte stets der Rosenbusch. Wenngleich nicht unversehrt, erholte er sich doch immer wieder und erreichte über die Jahrhunderte hinweg Berühmtheit. Selbst nachdem der Dom am 22. März 1945 zerbombt worden war, konnte der Strauch unter dem Schutt noch freigelegt werden – und begann tatsächlich erneut zu blühen. Er wurde zum Wahrzeichen der Stadt Hildesheim und ist an der Apsis des Doms bis heute zu bewundern.

Die Rose – unverwüstlich wie die Liebe. Die ersten fossilen Funde in Europa, die eindeutig als Pflanzenteile von Rosenarten identifiziert wurden, sind unvorstellbare 32 und 33 Millionen Jahre alt. Sie war schon immer da und wird die Spezies Mensch möglicherweise irgendwann einmal überleben.

Auch in der europäischen Prosaliteratur stand sie an einem bedeutsamen Anfang: Als Königin der Blumen und Symbol der Liebe widmeten ihr im Laufe der Zeit unzählige Dichter verschiedenste Werke. Ist es ein Zufall, dass der erste uns bekannte »Bestseller« aus dem 13. Jahrhundert von Guillaume de Lorris *Le Roman de la Rose* heißt? Der Rosenroman galt als Höhepunkt der französischen mittelalterlich-höfischen Literatur und als bahnbrechend in vielerlei Hinsicht. Er schildert, wenig überraschend, ein Liebesabenteuer in allegorischer Form, und dass der erste Teil mitten in der Geschichte endet, zeigt uns, wie gut es bereits im Mittelalter Autoren verstanden, ihre Leser bei der Stange zu halten. Der Rosenroman wurde so erfolgreich wie kein anderes Werk seiner Epoche. Noch heute sind mehr als 300 Kopien erhalten, und das aus einer Zeit, als Auflagen per Hand abgeschrieben werden mussten und der Buchdruck noch lange nicht erfunden war.

Doch nicht nur höfische Literatur beschäftigte sich mit der Rose, viele Volkslieder besingen sie. Da ist das zum Volksgut gewordene Goethe'sche »Röslein auf der Heide«, das ein Jüngling mutwillig bricht – hier wird uns eine Allegorie der gedankenlosen Verführung erzählt. In zahlreichen Märchen spielt die Rose eine tra-

gende Rolle, und das Gutenachtlied »Guten Abend, gut'
Nacht / mit Rosen bedacht / mit Näglein besteckt ...«
bedeutet nicht, wie ich als Kind schaudernd dachte,
dass Kinder mit Nägeln traktiert werden sollten und
man ihnen Rosen nur in Gedanken schenkte, sondern
zeichnet das Bild eines Baldachins aus Rosen und eines
Betts voller Nelken. Ein ähnliches Missverständnis verband mich übrigens lange mit dem Weihnachtslied: »Es
ist ein Roß entsprungen von einer Jungfrau zart ...«,
bei dem ich immer wieder ein vor einer jungen Frau
fliehendes Pferd vor mir sah, da mir keiner den Mysti-
zismus hinter diesem Liedtext erklärte.

Der Roman *Der Name der Rose* von Umberto Eco
spielt mit seinem Titel auf einen völlig anderen, heute
weitgehend in Vergessenheit geratenen Aspekt an, der
lange Zeit mit der Rose verbunden blieb: die Verschwiegenheit. Wurde etwas *sub rosa* gesagt, also »unter der Rose«, dann war es ein Geheimnis und wurde
als solches auch bewahrt. Vielleicht leitete sich dieser
Ausdruck von den versteckten Rosenlauben in den antiken Gärten her, in denen man sich ungestört unter-
halten konnte. Die griechische Mythologie bietet eine
weitere Erklärung an: Um die zahlreichen Affären der
Liebesgöttin Aphrodite geheim zu halten, schickte ihr
Sohn Amor dem Gott der Verschwiegenheit Harpokrates ein Gebinde aus Rosen, damit er seinen Segen
walten lasse. Offenbar war Harpokrates ein Rosenlieb-
haber – anders lässt sich dieser Bestechungsversuch
nicht erklären.

Die römischen Politiker griffen die Symbolik auf.

Sie hängten Rosengirlanden an die Decken ihrer Ratssäle und ließen damit keinen Zweifel aufkommen, dass was unter den Rosen besprochen wurde, den Saal nicht verlassen sollte. Ebenso gemahnen noch heute Rosenschnitzereien an Beichtstühlen des Mittelalters und der Renaissance an das Beichtgeheimnis. Mit Rosenmotiven bemalte Wirtshausdecken versprachen, ähnlich wie bei den Römern, was Freunde hier austauschten, würde weder von einem Spitzel belauscht noch nach außen getragen werden. Reichlich stilisiert finden wir das Symbol der Verschwiegenheit noch bis ins 20. Jahrhundert hinein in den Rosetten der Stuckteller wieder, mit denen die Decken bürgerlicher Wohnräume verziert wurden. Was wir hier kosen, schrieb Hans Sachs in einem Gedicht, sinngemäß aus dem Mittelhochdeutschen übersetzt, bleibt unter den Rosen. Auch Sebastian Brant verwendet diese Redewendung in seiner berühmten Schrift *Das Narrenschiff*, die erstmal 1494 gedruckt wurde.

Und meine ganz persönliche Geschichte, die mich mit Rosen verbindet?

Meine Mutter liebte Rosen. Eines Tages, ich war damals vielleicht zehn Jahre alt, beschloss sie, die immer sehr sparsam war, richtig viel Geld auszugeben und dunkelrote Kletterrosen zu kaufen. Und zwar nicht nur einen Stock, sondern gleich zwölf, für jeden Pfosten unseres Gartenzauns einen. Lange wurden Kataloge der einschlägigen Rosenzüchter studiert, bis sie sich für eine Sorte entschied. Doch die gelieferten Pflanzen wirkten ziemlich klein.

Ein Anruf beim Züchter beruhigte sie. Sie würden wachsen. Also wurden die Stauden liebevoll eingepflanzt, gewässert und gepflegt. Im nächsten Jahr brachten die kaum wadenhohen Sträucher winzige Blüten hervor, nicht größer als ein Daumennagel. Nun blieb kein Zweifel mehr, dies waren keine Kletterrosen, sondern winzige Bodendecker. Der Züchter am anderen Ende der Telefonleitung kam ziemlich lange nicht zu Wort – wenn meine Mutter sich betrogen fühlte, konnte sie sehr unangenehm werden. Am Ende schickte er ihr kostenlos ein neues Dutzend Rosen. Kletterrosen, die herrlich gediehen und alles überrankten, was sie zu fassen bekamen. Sie trieben dunkelrote samtige Blüten, so groß wie der Handteller meines Vaters, und sie dufteten betörend.

Meine Mutter war überglücklich, und ich war es auch. Den Zaun hatten die Rosen bald erdrückt, sie wurden an passendere Plätze umgepflanzt und blühten dort weiter. Jahr für Jahr sah ich meine Mutter unter den Rosenbögen und der zugewachsenen Pergola stehen, verzückt die Augen geschlossen und an einer der unzähligen Blüten schnuppernd. Diese Rosen, die bestimmt mit jener Tausendjährigen aus Hildesheim verwandt sein müssen, sind für mich so eng mit den glücklichen Momenten meiner Mutter verbunden, dass ich, als sie vor einigen Jahren hochbetagt starb und wir unser Elternhaus verkauften, einige Exemplare ausgrub. Sie blühen und gedeihen heute in meinem eigenen Garten. Kann man eine schönere Erinnerung an seine Mutter haben?

Die Tulpe

Schönheit aus dem Osten

Sie gelten als die verlässlichen Boten des Frühlings: Osterglocke, Hyazinthe, Krokus, Schneeglöckchen – und natürlich die Tulpe. Aus unseren Gärten ist sie nicht wegzudenken, ob einfarbig in allen Schattierungen oder aufregend gemustert. Sie gehört so sehr zu unserem Osterfest, dass uns gar nicht in den Sinn kommt, sie könnte eine Immigrantin mit exotischem Hintergrund sein und einen langen Weg zurückgelegt haben, ehe sie bei uns zur Frühlingsblume Nummer eins wurde. Denn die ursprüngliche Heimat der Tulpe ist keineswegs Holland, auch wenn man es kaum glauben mag.

Eine Geschichte, die dem Derwisch Hasan Efendi zugeschrieben wird, zeigt den Stellenwert des Berufs des Gärtners im Islam des 15. Jahrhunderts: Eines Tages wurde Hasan gefragt, ob sich überhaupt ein Muslim sicher sein könne, nach seinem Tod ins Paradies zu gelangen. Er wollte daraufhin wissen, ob sich unter den Zuhörern ein Gärtner befände. Als sich einer meldete, sagte Hasan: »Dieser Mann wird ins Paradies kommen.«

Alle fragten sofort nach, mit welchen Taten sich der Gärtner seinen Platz im Paradies gesichert hätte. »Ich habe lediglich aus dem Hadith zitiert«, gab der Derwisch zur Antwort. Damit meinte er die Überlieferung von Äußerungen und Handlungen des Propheten Mohammed. »In denen heißt es, dass Menschen nach ihrem Tod das tun werden, was ihnen auf Erden die meiste Freude bereitet hat. Und da alle Blumen im Himmel zu Hause sind, kommt ein Gärtner ganz bestimmt ebenfalls dorthin, um sich weiterhin um sie zu kümmern.«

Blumen sind im Himmel zu Hause – auch die christliche Vorstellung vom Paradies, jedenfalls dem ursprünglichen, aus dem Adam und Eva vertrieben wurden, entspricht einem fruchtbaren Garten. Und für die Osmanen, die von 1299 bis in unsere Zeit über die heutige Türkei und zeitweise halb Europa herrschten, war die Tulpe unter allen Blumen die heiligste.

Die Tulpe galt als Symbol für Leben und Glück und wurde als Schutzamulett selbst in Zeiten des strengsten Bilderverbots durch den Koran heimlich an verborgenen Stellen auf die Hemden von Kriegern gestickt, damit sie ihnen Glück bringe. Später, als sich das Abbildungsverbot gelockert hatte, schmückte sie Luxus- und Alltagsgegenstände, aber weiterhin in derselben alten Bedeutung auch Harnische und Helme, Waffen und Schilde.

Warum gerade die Tulpe? Um die Gründe dafür zu verstehen, muss man weit in der Geschichte zurückgehen, in eine Zeit, in der die Vorfahren der Osmanen

Nomadenvölker und in einer der unwirtlichsten Gegenden der Welt zu Hause waren, die man sich vorstellen kann: im Pamir-Gebirge, das heute teils zu Kirgisistan, zu Tadschikistan, zu China und Afghanistan gehört. Die mittlere Höhe dieses Hochgebirges liegt zwischen 3600 und 4400 Metern, der höchste Gipfel, das Massiv des Kongur Tagh, erreicht die stattliche Höhe von 7719 Metern. Schnee, Eis und Gestein prägten das Leben dieser Menschen. Doch es gab auch Hochtäler, die im Sommer für kurze Zeit grünten und erblühten. Und genau hier ist die ursprüngliche Heimat der Wildtulpe zu finden.

Den Nomaden muss sie wie ein Versprechen, ein Himmelsbote erschienen sein, wenn sie mit ihren winzigen scharlachroten Blüten auf ganzen Bergrücken ein kurzlebiges Feuer entfachte. Diese wilde Tulpe war nur wenige Zentimeter hoch, ihre schmalen, lanzenartigen Blütenblätter waren äußerst schlicht. Wenn sie sich der Sonne weit öffnete, um die kurze Dauer ihres Lebens optimal zu ihrer Vermehrung zu nutzen, sah sie aus wie ein leuchtender Stern. Sie wurde verehrt von den Menschen, die in dieser hochgelegenen, kargen, wenn auch landschaftlich wunderschönen Gegend ein hartes Leben führten, die meiste Zeit des Jahres mit Schnee und Frost umgehen mussten und außer dem Blau des Himmels, das sich in den Seen spiegelte, dem Grau des Gesteins, dem blendenden Weiß der Gletscher und dem raren Grün kaum andere Farben zu Gesicht bekamen.

Auch Varianten in leuchtendem Gelb oder Orange

zeigten sich in diesen abgelegenen Gebirgstälern. Bis zu ihren Nachfahren, die heute in den Niederlanden massenhaft gezüchtet werden, war es ein weiter Weg.

Als die Osmanen sich den Toren Wiens näherten und in Europa Angst und Schrecken verbreiteten, hatten sie, so wird vermutet, auch Tulpen im Gepäck. Zumindest auf den erwähnten Amuletten, vielleicht auch als echte Pflanzen, denn die kriegführenden Herrscher trennten sich ungern von dem, was ihnen lieb und teuer war. Und weil die Feldzüge jahrelang dauerten, wurde da so einiges mitgeschleppt. Dazu gehörten die Frauen des Sultans, warum also nicht auch seine Lieblingsblumen?

So richtig in Europa angekommen ist die Tulpe aber erst Mitte des 16. Jahrhunderts, und wie sie letztendlich hierhergelangte, auch dazu gibt es wieder viele Geschichten. In einer dieser Anekdoten heißt es, ein selbst ernannter portugiesischer Gouverneur von Goa habe 1529 bei seiner Verhaftung und Überstellung in seine Heimat ein paar Tulpenzwiebeln mitgenommen, um seinen erzürnten König zu besänftigen. Das Ganze klingt ziemlich abenteuerlich, denn wie die Pflanze von ihrer kleinasiatischen Heimat überhaupt nach Goa gelangt sein könnte, bleibt ungeklärt. Wahrscheinlicher erscheint eine andere Erzählung: Der Flame Ogier Ghislain de Busbecq reiste 1554 zum ersten Mal im Auftrag des Habsburger Kaisers als Gesandter nach Istanbul, wo er mit kleinen Unterbrechungen insgesamt acht Jahre lang blieb. Nach seiner Abberufung veröffentlichte er seine Erinnerungen an diese Zeit im Osmanischen

Reich in einem Buch in Briefform, und darin beschrieb er, wie er zum ersten Mal eine Tulpe auf freiem Feld sah. Er berichtete, dass die Türken Blumen liebten und dass sie, ansonsten sparsam, ohne zu zögern viel Geld für eine schöne Blüte ausgaben. Bei seiner Ankunft in Istanbul sei er von seinen Gastgebern ehrerbietig empfangen worden, und doch habe er sich befremdet gefühlt: Als Gastgeschenk überreichte man ihm Tulpen – und bat ihn gleichzeitig dafür zur Kasse.

Nach einer anderen Geschichte hat ein flämischer Tuchhändler 1562 zwischen den Stoffen seiner Lieferung ein paar Zwiebeln gefunden, offenbar als Goodie seines Handelspartners. Er hatte keine Ahnung, worum es sich dabei handelte, und gab sie kurzerhand in die Küche. Als sie nicht schmeckten, warf die Magd den Rest auf den Komposthaufen, wo ein halbes Jahr später ein Hobbybotaniker vorüberspazierte und zu seiner Verblüffung eine voll erblühte, zuvor noch nie gesehene Blume erblickte.

Se non è vero, è ben trovato, sagt ein italienisches Sprichwort, was so viel bedeutet wie: Wenn es nicht wahr ist, ist es gut erfunden. Wie auch immer diese besonderen Zwiebeln den Weg zu uns fanden, spätestens 1559 blühte eine Tulpe im Garten eines gewissen Johann Heinrich Herwarth, Mitglied des Rates der Stadt Augsburg, der für seine außergewöhnlichen Pflanzen so berühmt war, dass Botaniker von weither anreisten, um seine Sammlung in Augenschein zu nehmen. Die Tulpe darin war eine derartige Sensation, dass gleich mehrere Besucher schriftlich von ihr berichteten.

Es war eine günstige Zeit für die Verbreitung solcher Neuheiten. Das Interesse an den Naturwissenschaften war erwacht, der Buchdruck vermochte Informationen weiter, rascher und präziser zu verbreiten, die Erschließung der Schätze aus der sogenannten Neuen Welt spülte Reichtümer in die Kassen, und die so zu Geld gekommenen Menschen der Oberschicht suchten nach exotischen, repräsentativen Möglichkeiten, ihren Stil, ihren Geschmack und vor allem ihre finanziellen Möglichkeiten vor aller Welt zu beweisen. Tulpen wurden zum letzten Schrei, wer etwas auf sich hielt, musste sie in seinem Garten haben. Was bislang lediglich der Medizin vorbehalten war, nämlich die Erforschung der Pflanzenwelt, wurde zur Luxusbeschäftigung und die Pflanze zum Statussymbol statt nur zur Lieferantin nützlicher Inhaltsstoffe. Mag man anderen Blumen neben ihrer Schönheit gern Heilkräfte zuschreiben, die Tulpe besitzt solche nicht, auch wenn man eine Zeit lang fest daran glaubte – Tulpenzwiebeln in Rotwein aufgekocht lieferten ein probates Mittel gegen ein steifes Genick. Nein, die Tulpe war einfach nur schön und wurde im Laufe der Züchtungsgeschichte immer schöner, ausgefallener, dramatischer, sensationeller. Einer der bekanntesten Botaniker Englands, James Garret, widmete sich zwanzig Jahre lang der Aufgabe, neue Sorten hervorzubringen, und hatte damit so großen Erfolg, dass sein Kollege John Gerard schwärmte: »Jede einzelne zu beschreiben, wäre eine Sisyphusarbeit und käme dem Zählen von Sandkörnern gleich.«

Diese Aufgabe packte ein Mann schließlich an, von dem es heißt, er sei der größte Botaniker des 16. Jahrhunderts gewesen. Sein Name ist Charles de L'Écluse oder Carolus Clusius.

Clusius' eigene Lebensgeschichte ist so spannend, dass sie allein schon ein Buch füllen könnte. Der gebürtige Flame unternahm zahlreiche Reisen durch ganz Europa auf der Suche nach noch nicht bekannten Pflanzen und schickte, wann immer er etwas Interessantes fand, Exemplare an seine Kollegen und Freunde an den verschiedensten Wohnorten. Das tat er auch mit Tulpenzwiebeln, sobald er ihnen begegnete, was ihre europaweite Verbreitung beförderte. Infolge seines Wanderlebens verfügte er über keinen eigenen Garten, sondern »lieh« sich die seiner Freunde aus, pflanzte und säte, und während sich die Gartenbesitzer darum kümmerten, dass alles recht gedieh, brach er zu neuen Zielen auf und kam mit weiteren Schätzen in Berührung.

Eine Berufung an den Wiener Hof setzte dieser Unrast ein vorläufiges Ende. Er sollte für Maximilian II. einen Hofgarten anlegen. Clusius fühlte sich geschmeichelt und zog nach Wien. Doch die Umsetzung der Gartenbaupläne zögerte sich hinaus, desgleichen seine Bezahlung. Zu allem Unglück starb der Kaiser plötzlich, und dessen Nachfolger teilte die Begeisterung seines Vorgängers für Botanik keineswegs, sondern ließ den Garten umgraben und zu einem Reitplatz umgestalten. Die von Clusius mühevoll zusammengetragenen Pflanzen, allen voran die seltenen und begehrten Tulpen, wurden gestohlen oder zerstört. Frustriert reiste er ab.

Gerade zur rechten Zeit wurde ihm eine Stelle als Professor an der Universität Leiden angeboten.

Hier fand Clusius endlich die Voraussetzungen, um einen ordentlichen botanischen Garten – teils zu medizinischen, teils zu Zwecken der eigenen Forschung – anzulegen, in dem er nicht nur die Tulpen, die er im Laufe seines Lebens gesammelt hatte, sondern auch zahlreiche andere Pflanzen studierte, katalogisierte und ihre Vegetationszyklen erkundete.

Er stellte fest, dass es grundsätzlich zwei Arten gab, um Zwiebelpflanzen zu vermehren. Jede Hobbygärtnerin weiß aus eigener Erfahrung, dass sich die Tulpenzwiebel in ihrem Beet übers Jahr verdoppelt, wenn nicht verdreifacht. Löst man die sogenannte Brutzwiebel von der alten, hat man einen Klon der Mutterpflanze, der ihr in allem gleicht.

Die zweite Art, Pflanzen zu vermehren, geht über den Samen. Da hier die Bestäubung durch den Wind oder ein Insekt erfolgt, bleibt es dem Zufall überlassen, welche Pollen zu welchen Blütenstempeln getragen werden, und in der Regel haben wir es, bis es nach sechs oder sieben Jahren endlich so weit ist und die aus dem Samen gezogene Tulpe blüht, mit einer Variante zu tun. Das Ergebnis kann gefallen, es kann jedoch auch enttäuschen. Es ist ein Glücksspiel, und dies machten sich Clusius und andere Züchter zunutze.

Denn die Fantasie der Natur kennt keine Grenzen. Der beste Weg, ungewöhnliche neue Varietäten zu erhalten, besteht darin, ein Beet mit möglichst unterschiedlichen Sorten zu bepflanzen, von denen man sich vorstellen kann, dass sie sich zu etwas interessantem Neuen kombinieren könnten. So entstehen die sogenannten Hybridformen einer Pflanze.

Für uns ist es heute selbstverständlich, im Gartencenter unter vielen verschiedenen Tulpensorten auswählen zu können: früh- oder spätblühend, rot, weiß, gelb, violett, pink oder aufregend gemustert. Die Blütenblätter glatt oder gekräuselt, klein, groß, spitz, rundlich – nichts haut uns mehr vom Hocker. Dass dies das Ergebnis jahrhundertelanger Züchtung ist, machen wir uns selten klar. Und vor allem können wir uns kaum noch vorstellen, dass eine so einfache Blume wie die Tulpe sonst nüchtern denkende und vernünftige Menschen in einen wahren Rausch versetzte und dafür sorgte, dass sich so manch einer ruinierte. Und das kam so: Lange Zeit beruhte die Verbreitung der Tulpen und ihrer neueren Züchtungen auf Tauschhandel. Wer nicht tauschen konnte, stahl oder ließ stehlen, und einmal beklagte sich selbst Clusius darüber, dass ihm in einer Nacht fast hundert Tulpenzwiebeln aus dem Garten gegraben worden waren. Es dauerte nicht lange, bis clevere Geschäftsleute darauf kamen, mit den Zwiebeln zu handeln, und doch blieb dies mangels Masse bei gleichzeitig hoher Nachfrage eine teure Angelegenheit. Außerdem sorgten Berichte von stets noch fantastischeren Züchtungen dafür, dass die Gier nach ausgefallenen Varianten immer weiter zunahm.

Legendär wurde eine Tulpe mit dem Namen »Semper Augustus«, die wie aus dem Nichts auftauchte, und zwar bei einem einzigen Sammler, der ein Dutzend dieser Zwiebeln besaß. Er wollte anonym bleiben, und das aus gutem Grund, denn er hatte nicht vor, von seinem Schatz etwas abzugeben. Eine einzige Ausnahme machte er, als er eine Tulpe an einen wohl besonders hartnäckigen Interessenten zum stolzen Preis von 1000 Gulden verkaufte. Und siehe da, als die Blume ausgegraben wurde, befanden sich zum großen Ärger des Verkäufers noch zwei Ableger am Zwiebelboden, er hätte also das Dreifache für die Pflanze fordern können. Der Käufer wiederum war ein Glückspilz: Einen der Ableger verkaufte er seinerseits umgehend und holte damit seine Ausgaben herein, mit den anderen beiden Zwiebeln begann er, die Pflanze zu vermehren.

So kam die »Semper Augustus« zwar in den Handel, jedoch als absolute Rarität, schließlich bildet sich nicht jedes Jahr eine Tochterzwiebel, und die Samenvermehrung blieb eine so langwierige wie unsichere Sache. Das führte dazu, dass Züchter alles daran legten, eine ebenso schöne Tulpe zu generieren, der »Semper Augustus« nahezukommen und diese neuen Züchtungen unter ähnlich klingenden Namen zu hohen Preisen auf den Markt zu bringen. Doch wie sah dieses Objekt der Begierde aus?

Auf einem schlanken hohen Stiel thronte eine rotweiß geflammte Blüte. Dort, wo sie am Blütenboden angewachsen waren, zeigten die Blütenblätter eine leuchtend blaue Färbung. Es gibt zeitgenössische detailgetreue Aquarelle, auf denen man ihre Schönheit bewundern kann. Das Rot muss von einem besonders dunkel leuchtenden Feuer gewesen sein, das Weiß makellos und rein. Ich schreibe absichtlich in der Vergangenheitsform, denn diese Blume gibt es heute nicht mehr.

Damals erhitzte ihre rare Existenz die Gemüter. Jeder wollte sie haben. Dem anonymen Besitzer wurden per Anzeigen die unfassbarsten Angebote unterbreitet. Tausende von Gulden wurden für eine einzige Zwiebel geboten in einer Zeit, in der ein Zimmermann rund 250 Gulden im Jahr verdiente. Das höchste Gebot belief sich auf zwölftausend. Umsonst. Keines wurde beantwortet. Der geheimnisvolle Pflanzenfreund hatte Geld offenbar nicht nötig und genoss seinen Schatz lieber still für sich allein.

Wie konnte man gezielt eine solche Tulpe züchten? Was musste man tun, um das, was durch Zufall entstanden war, bewusst herbeizuführen?

Man versuchte es mit allerlei Methoden. Zum Beispiel schnitten manche Gärtner je eine rote und eine weiße Tulpenzwiebel in der Mitte auseinander, banden die unterschiedlichen Hälften an ihrer Schnittfläche wieder zusammen und hofften, auf diese Weise ein weiß-rot geflammtes Prachtexemplar zu erschaffen. Andere begossen Beete mit weißen Tulpen beharrlich mit Rotwein. Es half alles nichts. Die »Semper Augustus« war unerreichbar und wurde nur umso mehr begehrt.

Dennoch entstanden aus diesen Bemühungen immer mehr Varianten, und viele darunter waren ebenfalls ausgesucht schön. Und da jeder Züchter einer neuen Sorte auch einen neuen Namen gab, herrschte bald ein unüberschaubares Durcheinander an Bezeichnungen und Spielarten. Besonders die geflammten, gestreiften, gestrichelten und gefleckten Tulpen auf weißem Grund waren gesucht, wirkten sie ja wie kleine Gemälde. Das Phänomen des »Brechens«, wie man bereits damals das unvermittelte Auftreten dieser gemusterten Varietäten nannte, konnte nicht ergründet werden. Es passierte plötzlich und verschwand nach einigen Generationen genauso überraschend, wie es aufgetaucht war. Erst im 20. Jahrhundert würde man herausfinden, was die Ursache für diese vielen kleinen Sensationen war. Doch davon später.

Denn was nun einsetzte, ist ein Phänomen, das noch heute viele Menschen verwundert – obwohl es sich auf unseren modernen Finanzmärkten auf andere Weise tagtäglich wiederholt: Investoren entdeckten die Tulpenzwiebel, zunächst als Wertanlage, dann als Spekulationsobjekt. Das Problem dabei war, dass keiner einer Blumenzwiebel ansehen konnte, was aus ihr einmal erblühen würde, und da die Technik der Fotografie noch nicht erfunden war, fanden Maler ein neues, wenn auch schlecht bezahltes Betätigungsfeld: Floristen beauftragten sie mit der genauen Abbildung ihrer Sorten. So entstand im 16. Jahrhundert eine Fülle von Tulpenbüchlein, mehr oder weniger kunstvoll aquarelliert oder mit Eitempera gemalt. Sie hatten den schlichten Zweck, auf Messen den Kaufinteressenten vor Augen zu führen, was sie hier in Form einer Zwiebel erstehen würden. Heute befinden sich einige dieser Tulpenbücher in Museen und Sammlungen. Und deshalb wissen wir überhaupt, wie die »Semper Augustus« und manche andere inzwischen ausgestorbene Tulpensorten ausgesehen haben.

Auch wenn ein Käufer, ein Spekulant nicht mit letzter Sicherheit hätte sagen können, was in der Zwiebel steckte, die er erwarb, so entwickelte sich in den Niederlanden zwischen den Jahren 1630 und 1637 etwas, das als »Tulpenmanie« in die Finanzgeschichte eingegangen ist. Statt Blumenliebhaber stürzten sich also Investoren auf die Zwiebeln, die nur kauften, um mit Gewinn weiterzuverkaufen. Auf diese Weise heizten sie den Markt derart an, dass die Preise ins Astronomische emporschnellten. Berichte über Händler, die innerhalb von Tagen ein Vermögen mit nur einer Handvoll Blumenzwiebeln gemacht hatten, verführten am Ende nicht nur luxusgewohnte Reiche, sondern auch einfache Bürger und Handwerker dazu, ihr Glück zu versuchen.

An vielen Orten, vornehmlich in Wirtshäusern, fanden private Versteigerungen statt, die mehr und mehr einem Glücksspiel glichen. Man kaufte, man verkaufte, und die Preise stiegen stetig in die Höhe. Die Versuchung war groß, irgendwo einzusteigen und noch am selben Abend ein gemachter Mann zu sein. Müller versetzten ihre Mühlen, Bauern verschuldeten ihre Höfe in der Hoffnung auf das große Los. Diese Glücksspirale funktionierte, solange es hinreichend Interessenten gab, die bereit waren, einen noch höheren Preis für die Tulpe zu bezahlen. Das ging ganze sieben Jahre lang gut – jedenfalls für die meisten Beteiligten. Ihren Höhepunkt erreichte diese erste Finanzblase der Geschichte schließlich am 3. Februar 1637, als auf einer

Tulpenmesse in Alkmaar für eine einzige Tulpe namens »Admirael van Enkhuizen« 5200 Gulden auf den Tisch gelegt wurden. Zwei Tage später war an allen Handelsstellen zu spüren, dass der Zenit überschritten war. Keine der angebotenen Zwiebeln konnte bei einer der bislang erfolgreichen Gasthausversteigerungen noch den gewünschten Preis erzielen. Es dauerte nur wenige Tage, und der gesamte niederländische Tulpenmarkt brach zusammen. Panikverkäufe taten das Ihrige, und am Ende verloren die Zwiebeln im Schnitt rund 95 Prozent ihres Wertes. Unzählige waren ruiniert, andere gerade noch mit einem blauen Auge davongekommen. Auseinandersetzungen über geschlossene Optionsverträge auf künftige Käufe und Verkäufe beschäftigten die Behörden und Gerichte der Niederlande noch geraume Zeit. Nur die echten Pflanzenliebhaber, wie jener anonyme Besitzer der »Semper Augustus«, dem seine Blumen wichtiger waren als Geld, blieben von all dem Trubel unberührt.

Wir mögen heute den Kopf schütteln über diesen Wahnsinn, so viel Geld in eine schlichte Blumenzwiebel zu investieren. Sehen wir uns jedoch auf unseren modernen Finanzmärkten um, dann stellen wir fest, dass auf noch viel »Wahnsinnigeres« geboten wird, nämlich auf Behauptungen auf Papier, auf Prognosen, deren Treffsicherheit niemand wirklich vorauszusagen vermag, auf Geschäfte, die in der Zukunft getätigt werden sollen. Oder auf eine digitale Währung, die nur virtuell existiert. Dass Geld nicht mehr als eine Illusion ist, machen diese Finanzphänomene deutlich. Damals bildete wenigstens noch eine schöne Blume den Gegenwert. Das Platzen der Tulpenblase ist jedoch nicht der Grund dafür, dass es heute nur noch wenige Sorten gibt, die an die berühmten Exemplare von damals erinnern. Erst im 20. Jahrhundert fand man heraus, was es mit jenen legendären und begehrten Tulpen, mit ihren Zeichnungen auf weißem oder gelbem Grund eigentlich auf sich hatte. Sie waren krank, und zwar vom sogenannten Mosaikvirus befallen. Dieses durch Blattläuse übertragene Virus verursachte das rätselhafte »Brechen« der Tulpen und bewirkte, dass zuvor einfarbige Zwiebeln fantastische, meist geflammte Blüten entwickelten. Da dieses Virus auch andere Pflanzen schädigt, wird es heute selbstverständlich bekämpft und vernichtet, wo immer es auftaucht. Inzwischen ist es Züchtern gelungen, unabhängig vom Mosaikvirus ähnliche Farbspiele bei Tulpen zu erzielen, sie werden unter dem Namen »Rembrandt-Tulpen« im Spezialhandel angeboten.

Im Gartencenter werden wir ihnen nicht begegnen. Dort stoßen wir auf Massenware aus Holland, wo im Winter die Felder unter Wasser gesetzt werden, damit sie im Frühjahr in regelmäßig abgezirkelten Bereichen in Rot, Gelb, Violett und Weiß erblühen. Diese Tulpen sind allein dazu da, um Tochterzwiebeln zu bilden, die in Säckchen zu einem Dutzend oder einem halben in alle Welt verschickt werden. Trotz Börsenkrach sind die Niederlande also noch immer Tulpenlieferanten Nummer eins.

Tatsächlich sorgte ausgerechnet der »Tulpenwahn« dafür, die Pflanze auf einen Schlag berühmt zu machen.

Berichte über dieses unerhörte Finanzereignis weckten in ganz Europa das Interesse an der seltsamen Blume, die es vermocht hatte, vernünftige Menschen zu derartigen Spekulationen hinzureißen. Diese hohe Nachfrage aus anderen Ländern half damals vielen ruinierten Blumenhändlern, aus der Misere wieder herauszufinden. Im eigenen Land war die Tulpe lange Zeit nur noch unter den sachkundigen Sammlern beliebt, die ohnehin nie in die Spekulation mit eingestiegen waren und sich nach wie vor allein der Vermehrung und Kreuzung der eigenen Sorten und dem Austausch mit Gleichgesinnten widmeten.

Dafür schnellte jetzt das Interesse beispielsweise in Frankreich in die Höhe, wo es eine Saison lang unmöglich war, ohne eine Tulpe am Ausschnitt, im Haar oder am Revers auf einer Soirée zu erscheinen. Oder in Wien, wo jener Kaiser, der noch vor einigen Jahren Clusius' Garten in einen Exerzierplatz hatte umwandeln lassen, auf einmal selbst Gefallen an dieser Blüte fand. Oder an vielen anderen Orten, wo Gärtner ihre Beete um diese Frühblüher bereichern wollten.

Und so ist es bis heute. Kaum ein Garten, in dem nicht Tulpen blühen. Nur dort, wo sich emsige Wühlmäuse in Überzahl aufhalten und Tulpenzwiebeln während der kargen Wintermonate für ihr Leben gern verspeisen, da mag man schweren Herzens auf sie verzichten. Dann holt man sich so früh wie möglich einen Strauß Schnittblumen ins Haus, um sich während der letzten Schneestürme und Graupeltage den Frühling wenigstens drinnen zu erlauben. In Holland werden sie in Gewächshäusern zu diesem Zweck vorgezogen – und weithin vergessen bleibt, dass diese Blume eigentlich aus dem Orient stammt.

Am liebsten habe ich persönlich jene Sträuße, die ich von Feldern schneide. Dort, wo ein Schild mit Preisliste und Aufschrift »Nur bezahlte Blumen bringen Freude« am Wegrand steht, eine Kasse fest angeschweißt darauf wartet, gefüllt zu werden, und scharfe Schnittmesser bereitliegen, damit man sich aus langen Reihen bunt gemischter Sorten die schönsten abschneiden kann. Mit Freuden beobachte ich dann, wie die Tulpen in meiner Vase noch tagelang nachwachsen, ihre Köpfe heben, öffnen und dann leicht senken. Fülle in Tulpengestalt. Wenn das möglich ist, dann hat der Frühling auch im Schwarzwald Einzug gehalten.

Die Nelke

Wenn eine Blume Politik macht

Rosen, Tulpen, Nelken,
alle Blumen welken.
Nur die eine welket nicht,
welche heißt Vergissmeinnicht.

Unter all den dämlichen Sprüchen, die man mir damals, als jedes zwölfjährige Mädchen ein Poesiealbum besitzen musste, dort hineingeschrieben hat, ist dies der zweitdümmste. Einmal von dem schlichten Deutsch abgesehen, stimmt er einfach nicht. Auch Vergissmeinnicht welken. Und die schräge Symbolik, dass statt des Blümchens das Nichtvergessen gemeint sei, ist so weit hergeholt, dass es schon fast wehtut.

Rosen, Tulpen und Nelken werden gern in einem Atemzug genannt, wenn man von Schnittblumen im Allgemeinen spricht. Deshalb soll auch hier in diesem Blumenbuch die Nelke nach ihren beiden Gefährtinnen als Dritte im Bunde genauer betrachtet werden.

Ich sag es gleich ganz ehrlich: Lange Zeit mochte ich

Nelken nicht besonders. Denn die langstieligen Edelnelken, in den Sechzigerjahren beliebt und bis in die Achtziger fester Bestandteil eines jeden Straußes, gern im Verbund mit Spargelkraut oder Freesien, die aus diesem Grund auch nicht zu meinen Lieblingsblumen zählen, waren für mich der Inbegriff des Spießertums. Ich konnte ihnen einfach nichts abgewinnen, ähnelten sie doch jenen Dekorblüten, die ich mit meinen Freundinnen für unsere Partys aus knallrotem Krepppapier bastelte. Außerdem rochen sie komisch.

Es brauchte wirklich lange, bis ich entdeckte, dass die Nelkenpflanze weit mehr zu bieten hat als diese überzüchteten Modelle. Dass es über sechshundert natürlich vorkommende Nelkenarten auf der gemäßigten Nordhalbkugel gibt und davon auch einige auf unseren heimischen Wiesen blühen, das wurde mir erst viel später bewusst.

Ihr botanischer Name ist *Dianthus*, was so viel heißt wie »Götterblume«. Die Wildformen sind anspruchslos und wachsen selbst unter kargsten Bedingungen, zum Beispiel auf nährstoffarmen trockenen Sandböden oder auf feuchtem Grund in der Nähe von Gewässern. Man unterscheidet zwischen solchen Wildformen wie den Heidenelken, die im Frühsommer in dem für sie typischen intensiven Rosa auf unseren Wiesen wachsen, sofern die noch nicht überdüngt sind oder sonst durch Umwelteinflüsse geschädigt, und Gartennelken. Letztere sind, genau wie viele andere Pflanzen, mit denen sich Blumenliebhaber beschäftigt haben, das Ergebnis langer Züchtung, in diesem Fall auf der Basis von Nelken aus

Dalmatien. Und wenn ich »lange« schreibe, dann meine ich es auch so: Bereits seit dem Altertum wird die Nelke als Zierpflanze kultiviert, sodass heute mehr als 27 000 Sorten registriert sind.

Seit meiner Kinderzeit liebe ich besonders die Kuckuckslichtnelken, die ich kombiniert mit Margeriten für Sträuße pflückte. Wir nannten sie »Kuckucksblume«, und so kam ich überhaupt nicht auf die Idee, es könnte sich um eine Verwandte der Kulturnelke handeln. Ihre bizarr gezackten Kronblätter, die ein wenig wie winzige Korallen wirken, hatten es mir angetan. Außerdem fangen diese Wiesenblumen das Sonnenlicht so besonders ein, daher auch ihr Name. Der Kuckuck darin verweist auf die Blütezeit der Pflanze von Mai bis Juli, wenn dieser Vogel am häufigsten ruft.

Wie bei vielen Blüten dient die besondere Gestalt der Kronblätter dazu, sich auf der Wiese bei den Bestäubern besonders interessant zu machen. Zu denen gehören ausschließlich Insekten mit langen Rüsseln wie Schmetterlinge, denn das rosafarbene Gewirr der manchmal zerzaust wirkenden Krone mündet in schmale Röhrenblüten. Um an den Nektar zu gelangen, braucht es daher entsprechende Saugfähigkeiten.

Es gibt viele zauberhafte Gartennelken, wie die zweijährige Bartnelke, eine Blume, die mit ihren wundervollen Farbnuancen von Weiß über Rosa bis zum tiefsten Dunkelrot aus Bauerngärten nicht wegzudenken ist. Zu Sträußen gebunden, gern auch gemeinsam mit anderen »altmodischen« Gartenblumen wie der Zinnie, entfalten sie ihren nostalgischen Charme. Wie die meisten

Gartennelken blüht die Bartnelke, rechtzeitig ausgesät, von Mai oder Juni bis in den Herbst hinein.

In meinem Beet wohnt seit einiger Zeit eine weiße Federnelke und breitet sich von Jahr zu Jahr weiter aus. Im Frühsommer ist das winterharte Polster von rund 15 Zentimeter hohen gefransten Blüten nur so übersät. Ihr Duft ist würzig-süß und betörend. Daneben behauptet sich die Pechnelke, die die seltene Eigenschaft hat, andere Pflanzen zu heilen. Ihren Namen hat sie von der schwarzen klebrigen Schicht, die ihre Stängel ansetzen. Mit diesem »Trick« schützt sich die Pflanze vor schädlichen Insekten, denen es darum nämlich nicht möglich ist, an ihnen emporzuklettern.

Das Besondere an der Pechnelke ist, dass sie allein durch ihre Anwesenheit den umgebenden Pflanzen hilft, gesund zu bleiben. Der im Handel erhältliche Extrakt aus ihr gilt als ein wirksames Pflanzenstärkungsmittel, und zwar wegen seiner Brassinosteroide, die nachweislich die Gesundheit und das Wachstum von Pflanzen fördern. Er soll gegen Mehltau bei Gurken helfen, gegen Grauschimmel an Tomaten, gegen Rostpilze an Stockrosen und bei vielen anderen Problemen mehr. Ausprobiert habe ich das noch nicht, mir genügt die Anwesenheit der rosafarben blühenden Pechnelke in meinem Beet.

Ein besonderer Abkömmling der *Dianthus caryophyllus* ist außerdem die Gebirgshängenelke, die im 18. und 19. Jahrhundert statt der allgegenwärtigen Geranien die Balkone und Blumenampeln im Engadin und in Tirol schmückte. Ähnlich wie bei der Geranie soll ihr Duft unerwünschte Insekten davon abhalten, durchs Fenster ins Haus zu fliegen. Es gibt sie in Rot, Rosa und Gelb, wobei diese Farben nur bei ausreichend starkem UV-Licht wirklich intensiv werden – darum gedieh sie so vortrefflich in sonnigen Bergtälern in Österreich und in der Schweiz. Heute ist die Hängenelke leider fast überall verschwunden, dabei wäre sie wirklich einmal eine aparte Alternative zur Geranie – vorausgesetzt, man kann ihr einen sonnigen Standort bieten.

Ähnlich wie bei der Tulpe und der Kamelie sorgte auch die Ankunft der ersten fremdländischen Nelke unter Gelehrten und Pflanzenliebhabern für mächtig viel Aufregung. Auf Gemälden der Renaissance ist sie häufig abgebildet, mitunter als Attribut der Madonna oder als Zeichen der Modebewusstheit und des Reichtums auf Stillleben, als Detail bei Porträts, so wie beispielsweise auf dem Bild des Kaufmanns Giese, das Hans Holbein der Jüngere von ihm angefertigt hat, auf dessen Schreibtisch unter vielen nützlichen Gegenständen eine gläserne Vase mit drei Nelkenstängeln zu sehen ist. Zu den frühen Zeiten nach ihrer Ankunft in Westeuropa wurden der Kulturnelke verschiedene Bedeutungen zugesprochen, so soll sie für Liebe, Brautwerbung und Ehe gestanden haben.

Johann Wolfgang von Goethe amüsierte sich nicht schlecht über die Nelkenmanie, die seine Zeitgenossen ergriffen hatte, und doch erlag er ihr auch selbst. An die hundert Sorten sollen in seinem Garten geblüht haben, und einmal schickte er seiner Frau Christiane Vulpius eine ganze Kiste voller Federnelken – womöglich der

Sorte, die auch in meinem Beet wächst? Er schrieb dazu, Christiane solle sie nicht allzu nah aneinanderpflanzen lassen, da sie sich sehr »bestocken« würden. Vierzehn verschiedene Varietäten von Nelken besaß er allein in seiner Lieblingsfarbe Purpurrot.

Rot waren auch die Nelken, die in Andalusien von den Damen der Gesellschaft in ihrem meist tiefschwarzen Haar anlässlich der Stierkämpfe getragen wurden. Beim Flamenco durften sie in der Signalfarbe ebenfalls nicht fehlen, und die unterhalb der Knie ausgestellten Röcke mit ihren reichen Volants wurden selbst häufig mit der gefüllten Blüte einer Nelke verglichen. Sie gilt dort als Inbegriff von Weiblichkeit.

Leuchtend rot waren die Nelken, die französische Adelige trugen, als sie dem Tod durch die Guillotine ins Auge sahen. Damit wollten sie ihre Unerschrockenheit und ihren Widerstand gegen die Revolution zum Ausdruck bringen. Später, als Anhänger der sozialistischen Bewegung dieselbe Blüte in ihrer glühendsten Farbe zu ihrem Symbol wählten, wurde sie in die gegenteilige Aussage umgedeutet. Ihr politisches Image erhielt die rote Nelke auf dem Internationalen Sozialistenkongress, der 1889 in Paris tagte. Dort wurde für alle beteiligten Länder beschlossen, den 1. Mai als Kampftag für die Rechte der Arbeiter zu begehen. Die rote Nelke avancierte daraufhin bei einigen Mitgliedsorganisationen zum erklärten Sinnbild der internationalen Solidarität. Eine Berliner Zeitung schrieb ein Jahr später, dass Schuster bei einer Kundgebung zum 1. Mai rote Nelken im Knopfloch getragen hätten. Die Versammlung war verboten gewesen, weshalb es bei diesem Anlass zu Krawallen und Verhaftungen kam. Die Nelke im Knopfloch war also schon lange kein Schmuck mehr, sondern ein politisches Statement und Erkennungssymbol. Die Obrigkeit verbot das Zeigen von roten Fahnen? Die rote Nelke ersetzte sie.

Es glühen rote Nelken, Freiheitssonnen entstammt,
Es lodern rote Gluten, die Freiheitssehnsucht flammt ...
Es naht der Tag der Tage, der Freiheit Banner fliegt –
Weitauf, weitauf die Herzen, die rote Nelke siegt!

Diese Verse des österreichischen Sozialisten Josef Friedmann wurden am 1. Mai 1909 in der Wiener Arbeiter-Zeitung veröffentlicht. Die rote Nelke wird hier zum Sinnbild des Heraufziehens einer glühenden Sonne über einer neuen, gerechteren Welt. Auch in der Deutschen Demokratischen Republik verwendete man die rote Nelke in dieser Symbolik bei Aufmärschen und Zeremonien.

Mit einem dramatischen Ereignis ist die Blume im Frühjahr 1974 in die Geschichte eingegangen. An diesem Tag putschte das Militär in Portugal erfolgreich gegen die Diktatur des sogenannten *Estado Novo*, des Staates ohne Parteien und Parlamentarismus, die António de Oliveira Salazar von 1933 an installiert hatte. Mehr als vierzig Jahre lang litt das Land unter dem Schreckensregime seiner nach dem faschistischen Vorbild der Nationalsozialisten gebildeten Diktatur. Salazar hatte Portugal in die absolute Isolation getrieben und systematisch daran gearbeitet, die Bevölkerung durch

Unwissen und Einschüchterung gefügig zu machen. Tausende von Regimegegnern füllten die Gefängnisse, Folter und Hinrichtungen gehörten zum täglichen Leben. Außerdem führte das Land so aussichtslose wie grausame Kriege in seinen Kolonien. Die Ölkrise in den Siebzigerjahren verschärfte die Situation. Die Zeit für Veränderung war mehr als reif.

In der Nacht zum 25. April 1974 erklang im Radio das seit langen Jahren verbotene Lied »Grândola, Vila Morena«. Es war das verabredete Erkennungszeichen für den Beginn des Aufstands. Kurz nach drei Uhr morgens hatten die Putschisten die strategisch wichtigsten Stellen der Hauptstadt Lissabon einschließlich der Radiosender und einiger Ministerien besetzt. Den Appell an die Bevölkerung, sich ruhig zu verhalten und zu Hause zu bleiben, um Blutvergießen zu vermeiden, ignorierten die Portugiesen. Als die Armee einige Stunden später in Lissabon nachrückte, empfing das Volk sie voller Begeisterung. Überall tauchten rote Nelken auf, Frauen und Kinder steckten sie den Soldaten in die Gewehrläufe und schmückten die Panzer damit. Das Besondere an diesem Putsch war, dass er nahezu gewaltfrei gelang. Vier Zivilisten kamen bei der Erstürmung des Stützpunktes der Geheimpolizei ums Leben, ehe sich die Polizisten am nächsten Morgen ergaben, mehr Tote waren nicht zu beklagen. Und wieder trug die Bevölkerung, die den Umsturz geschlossen unterstützte, rote Nelken. In die Geschichtsbücher eingegangen ist dieses wichtige politische Ereignis dann auch unter dem Namen »Nelkenrevolution«.

Und das Ereignis machte Schule. Nach Portugal wurde Griechenland noch im selben Jahr von seiner Diktatur befreit, und 1975 ging auch in Spanien die Herrschaft Francos unblutig zu Ende.

Übrigens hat die Blume mit der Gewürznelke überhaupt nichts gemein außer dem Namen. Der Gewürznelkenbaum *Syzygium aromaticum* gehört zu den Myrtengewächsen und stammt ursprünglich von der indonesischen Inselgruppe der Molukken. Kurz vor ihrem Erblühen geerntet und getrocknet, werden seine Blütenknospen braun und hart und fühlen sich, wenn sie von guter Qualität sind, in der Hand ein wenig ölig an. In Europa kannte man sie bereits seit dem Mittelalter. Wie andere Gewürze aus weit entfernten Ländern galten sie als eine seltene Kostbarkeit.

Auch wenn man damals noch nicht wusste, welche Inhaltsstoffe die Gewürznelke so besonders machen, fand man doch heraus, dass das Kauen dieser harten Knospen den Mundraum und Kiefer betäubt. Aus diesem Grund ist sie als Hausmittel gegen Zahnschmerzen bekannt. Auch gegen schlechten Atem soll das Kauen helfen. Verantwortlich dafür ist der hohe Gehalt des Stoffes Eugenol. Weitere Untersuchungen haben ergeben, dass die Gewürznelke, was ihren Gehalt an Antioxidantien betrifft, Kräuter wie Oregano, Rosmarin, Thymian oder Salbei weit in den Schatten stellt.

So kam es, dass Menschen lange glaubten, der Gewürznelke wohne ein besonderer Schutzzauber inne. Und auch die seltsame Zeile aus dem Schlaflied »Guten

Abend, gut' Nacht«, das ich im Kapitel über die Rosen zitiert habe, ist nur so zu verstehen. Aufgrund ihrer Form, die an kleine Nägel erinnert, nannte man die Gewürznelke in vielen Dialekten Negeli, Nägeli, Nägli oder ähnlich. »Mit Näglein besteckt« bezieht sich deshalb keineswegs auf Folternägel, sondern auf Gewürznelken, die zum Schutz des Kindes im Vorhang der Wiege oder gar am Kissenrand festgesteckt wurden.

Um noch einmal auf die eingangs so geschmähte Kulturnelke zurückzukommen: Sie scheint eine Renaissance zu erleben. Immer häufiger entdecke ich sie in Blumengeschäften, und zwar in überraschender und gar nicht langweiliger Gestalt. Da gibt es beispielsweise cremefarbene Exemplare mit feinen dunkelvioletten Rändern an den Kronblättern. Blüten, die in mehreren feurigen Farben glühen, von Gelb über Orange bis Rot, als seien sie tatsächlich Teil eines Sonnenaufgangs. Im Jahr 2019, gerade als ich an diesem Buch schrieb, war die Nelke übrigens Blume des Jahres. Vielleicht sollte ich meine Vorurteile gegenüber dieser Blüte, die ausschließlich in Treibhäusern ein Dasein fristet, ehe sie auf den Blumenmarkt gelangt, noch einmal überdenken? Jeder hat eine zweite Chance verdient. Auch die Kulturnelke.

Amaryllis oder Ritterstern

Die Schimmernde

Neigt sich das Jahr seinem Ende zu, beginnt die große Zeit der Zwiebeln. Im Oktober oder spätestens im November sollten wir die für Tulpen und Narzissen in unseren Gärten vergraben, wenn wir uns im zeitigen Frühjahr wieder an Blüten erfreuen möchten, und vielleicht entscheiden wir uns auch noch für Krokusse und Schneeglöckchen. Im Dezember hält im Haus der Weihnachtsstern Einzug und eventuell noch ein Gast, der uns gerade in dieser Zeit, in der unser Garten ruht, daran erinnert, dass auch im Verborgenen Leben ist und nur darauf wartet, ans Licht zu treten.

Amaryllis. Ich habe sie immer so genannt und werde wohl auch weiterhin diesen schönen Namen benutzen, obwohl ich inzwischen weiß, dass er botanisch nicht korrekt ist.

Er gehörte ursprünglich einer Nymphe, die von Vergil besungen wurde und der eines der schönsten Madrigale des Komponisten Claudio Monteverdi gewidmet ist. Ihr Name geht auf das griechische Verb *amaryssein* zurück, das so viel wie »funkeln, schimmern lassen« bedeutet und perfekt zu der wie Samt und Seide schimmernden Oberfläche der Kronblätter der Amaryllisblüte passt.

Es gibt manche Geschichten in der griechischen Mythologie, in denen eine Nymphe oder Schäferin namens Amaryllis eine Rolle spielt. Eine erzählt von einer schüchternen Schäferin dieses Namens, die unsterblich in den unnahbaren Hirten Alteo verliebt ist. Dieser hat jedoch nur Augen für Blumen und beachtet die Leidenschaft der schönen Schäferin nicht. Aus Kummer darüber bohrt sich Amaryllis neunundzwanzig Tage lang auf Höhe des Herzens einen goldenen Pfeil in die Brust, ohne dass Alteo davon Notiz nimmt. Am dreißigsten Tag fallen ein paar Tropfen von Amaryllis' Herzblut zu Boden – und an dieser Stelle wächst eine wunderschöne blutrote Blume. Da erst bemerkt Alteo ihre Liebe und sein eigenes Herz erwacht.

Die Blume bekam den Namen Amaryllis. Und doch entzweite die Botaniker rund hundert Jahre lang ein Streit über die Frage, welche Pflanze nun diesen Namen tragen darf und welche nicht. Denn verwirrenderweise gibt es zwei sehr ähnliche Pflanzen aus ganz unterschiedlichen Herkunftsgebieten, die eine aus dem südlichen Afrika und die andere aus Südamerika, denen Carl von Linné, ansonsten so verlässlich und ordnungsstiftend, denselben Namen gab. Dabei sind sich die beiden Arten zwar sehr ähnlich, aber keineswegs identisch. Ja, sie sind nicht einmal miteinander verwandt.

Erst nach rund hundertjährigem Disput wurde der Botanikerstreit 1987 beigelegt, und der Name Amaryllis blieb bei der Afrikanerin. Seither heißt die prächtige Pflanze, die uns um Weihnachten herum entzückt, *Hippeastrum*, Ritterstern. Und so wollen wir sie korrekterweise und um Verwirrung zu vermeiden von jetzt an auch nennen.

Die fast hundert südamerikanischen Wildarten des *Hippeastrum* haben ihren Ursprung im südlichen Brasilien, in Bolivien, Paraguay, Uruguay und Argentinien, wobei auch einige Arten im Norden Brasiliens sowie in Peru und Surinam zu finden sind. Die Zwiebeln, die wir heutzutage im Blumengeschäft kaufen, sind übrigens fast ausschließlich Abkömmlinge einer Art aus den peruanischen Anden namens *Hippeastrum vittatum*, die im Laufe der Zeit mit anderen Arten gekreuzt wurde. Es handelt sich also um Hybriden.

Einmal mehr waren es die »Zwiebelexperten« in den Niederlanden, die bereits im 18. Jahrhundert damit begannen, die viel zierlicheren Wildsorten, die meist nur zwei Blüten statt wie heute drei oder vier trugen, größer, farbenfroher und prächtiger zu züchten. Heute sind die Wildformen im Handel nicht mehr erhältlich.

Doch wenn schon nicht »Amaryllis«, wieso dann ausgerechnet »Ritterstern«? Der Name geht auf den britischen Botaniker William Herbert zurück, der von 1778 bis 1847 gelebt hat. Wie er auf diesen Namen kam, ist nicht überliefert. Ob ihn die vierfache Blüte am Ende eines langen Schaftes an die ritterliche Waffe eines Morgensterns erinnert hat? Für wahrscheinlicher halte ich die Ähnlichkeit mit der verwandten Jakobslilie, die stilisiert ins »Jakobskreuz«, das Wappen der Santiago-

Ritter, eingegangen ist. Natürlich wäre der Name einer Nymphe viel passender gewesen, jedenfalls in meinen Augen.

Denn ist es nicht jedes Mal erstaunlich, wenn aus der dicken, kahlen Zwiebel, deren oberes Drittel üblicherweise aus dem Substrat herausragt, der grüne zungenförmige Blütentrieb zutage tritt? Man kann der Pflanze geradezu dabei zusehen, wie sie Zentimeter um Zentimeter den kräftigen, innen hohlen Blütenstiel nach oben schiebt. 50 Gramm bis rund 80 Zentimeter reckt sich der Schaft empor, dann erst beginnt der eigentliche Blütenzauber. Fasziniert sehen wir zu, wie die zunächst kompakte Knospe immer deutlicher zeigt, wie viel in ihr steckt. Vier Einzelknospen lösen sich nach und nach voneinander, senken ihre Köpfe um 90 Grad nach unten und bilden auf diese Weise einen Stern. Dann öffnet sich jede trichterförmig in Weiß, Lachsfarben, Rosé oder in leuchtendem Rot, auch zweifarbig können die bis zu 30 Zentimeter großen Einzelblüten ausfallen. Ich kann mich bis heute nicht entscheiden, welcher Variante ich den Vorzug geben soll. Zu Weihnachten ist für viele Rot die angesagte Farbe. Doch zur immergrünen Adventsdekoration mit Tannenzweigen oder Wedeln der Seidenkiefer, die, wie ich finde, mit ihren langen, weichen Nadeln besonders hübsch zu den zarten Blüten aussehen, passen die anderen Farben ebenfalls sehr gut. Auch als Schnittblume in der Vase macht sich der Ritterstern prächtig, als Einzelblüte mit allerlei Immergrün gebunden oder als üppiger Strauß. Allerdings sind alle Teile der Pflanze hochgiftig, vor allem die Zwiebeln, in denen der Ritterstern seine Reservestoffe speichert.

In der Biologie nennt man Pflanzen, die ungünstige Lebensbedingungen mithilfe unterirdischer Organe überdauern, Geophyten. Dazu gehören Pflanzen, die Rhizome, Knollen, Rüben oder Zwiebeln ausbilden. Diese unter der Erdoberfläche verborgenen Organe speichern Nahrung und sind mit Erneuerungsknospen versehen. Dank dieser Überlebensstrategie kommt der Ritterstern mit den Bedingungen seiner südamerikanischen Heimat bestens zurecht, und sein Lebensrhythmus, der uns zu Weihnachten das Blütenspektakel beschert, ist eine Anpassung an den dortigen Wechsel von Regen- und Trockenzeiten.

Ich weiß nicht, wie es Ihnen geht, so sehr ich mich auch bemüht habe, bislang ist es mir noch nie gelungen, einen Ritterstern ein zweites Mal zum Blühen zu bringen. Es erfüllt mich jedes Mal mit großem Bedauern, wenn nach ihrem grandiosen Auftritt in unseren weihnachtlich geschmückten Wohnungen sowohl die Zwiebeln des *Hippeastrum* sowie die Weihnachtssterne in den Biomüll wandern. Erst das Verständnis ihrer Lebensrhythmen könnte uns helfen, diese Pflanzen nicht nur als Einweg-Zierde, sondern als Gefährten zu halten. Und darum möchte ich hier kurz zusammenfassen, was mir eine Gärtnerin über den Ritterstern verraten hat.

Während seiner Blüte versorgen wir die Pflanze normalerweise dankbar mit Gießwasser, manchmal allerdings zu üppig. Denn der Ritterstern verträgt keine Staunässe. Am besten geben wir das Wasser in den

Topfuntersetzer, von wo die Wurzeln der Zwiebel so viel aufnehmen können, wie sie benötigen.

Ist nach Weihnachten die Blüte verwelkt, schneiden wir den Schaft unten ab. Jetzt erst geben wir der Pflanze zum ersten Mal Dünger. Ab März mag es der Ritterstern ein wenig wärmer, damit sich die lanzenförmigen tiefgrünen Blätter schön entwickeln können. Nach den Eisheiligen dürfen wir sie bedenkenlos nach draußen stellen, in den Garten, auf die Terrasse oder den Balkon – und zwar in den Halbschatten. In dieser Phase legt die Zwiebel bereits die Blüten an, und wir unterstützen sie dabei mit entsprechenden Wasser- und Düngegaben. Damit hören wir im August vollständig auf und lassen die Pflanze eintrocknen, die Blätter verwelken und stellen sie anschließend kühl und dunkel. Der *Hippeastrum* benötigt zur Blütenbildung nämlich unbedingt eine Ruhephase. Am besten vergessen wir ihn für eine Weile, markieren uns jedoch im Kalender für Mitte November, dass wir ihn aus seinem kühlen und dunklen Kellerverließ wieder befreien. Äußerlich zeigt er dann kein Leben, seine Power hat er in der Zwiebel gebunkert. Um diese zu wecken, topfen wir die Pflanze um, wobei der neue Behälter gerade mal rund um die Zwiebel einen, höchstens zwei Zentimeter Platz für Substrat lassen sollte, mehr nicht. Wir stellen sie an einen lichten Platz in der Wohnung und gießen sie zum ersten Mal seit Monaten vorsichtig an. Wenn wir alles richtig gemacht haben, treibt sie jetzt wieder aus.

Am liebsten ist dem Ritterstern ein Platz auf dem Fensterbrett, nicht zu sonnig und nicht wärmer als

20 Grad. Und wir dürfen unserem gut gemeinten Drang keinesfalls nachgeben, ihn reichlich mit Wasser beglücken zu wollen, denn dann fault die Wurzel samt Zwiebel (ist mir schon passiert). Immer schön Maß halten und nur so viel Wasser – keinen Dünger – in den Untertopf geben, wie die Pflanze aufnimmt, nicht mehr. Wenn wir Glück haben, erscheinen fünf bis acht Wochen nach dem Umtopfen die ersten Blüten. Hurra!

Ist im Februar die Phase des Blühens vorüber, entfernen wir Blüte samt Schaft, und der Zyklus beginnt wieder von vorn. Ich muss mich erst an den Gedanken gewöhnen, dass ich eine Pflanze nicht während der Blüte dünge, sondern genau dann, wenn ihre prächtigste Zeit vorüber ist und sie nichts anderes sehen lässt als langweilige Blätter. Statt die Pflanze ab August in den dunklen, kühlen Keller zu stellen, raten manche Experten dazu, sie mit einem Behältnis abzudecken, zum Beispiel mit einem kegelförmigen Hütchen aus schwarzem Karton. Kühl will sie es allerdings trotzdem. Ich bin gespannt, ob es mir im nächsten Winter gelingen wird. Wollen wir es gemeinsam versuchen?

Doch noch ein paar Worte zu der sogenannten echten Amaryllis aus Afrika, die außerdem den Namen Belladonnalilie trägt. Im Gegensatz zum Ritterstern ist der einzelne Schaft dieser wunderschönen und dem *Hippeastrum* sehr ähnlichen Blüten nicht hohl, sondern mit Markgewebe gefüllt. Statt einem oder zwei Blütenstielen treibt die Afrikanerin sechs bis zwölf. Ihre Kelche neigen sich nicht ganz in die Waagerechte, außerdem haben sie einen atemberaubenden Duft, womit der Ritterstern nicht dienen kann.

Der größte Unterschied besteht jedoch in der Blütezeit. Während uns der Ritterstern im tiefsten Winter erfreut, erscheinen die leuchtend roten Blütenstiele mit ihren rosaroten Trompetenblüten von August bis September aus der blattlosen Zwiebel – jedenfalls in unseren Breiten. Zu Hause auf der Südhalbkugel, wo die Jahreszeiten ja genau umgekehrt verlaufen, blüht die Belladonnalilie im Februar und März. So wird sie in Südafrika auch »March-Lily« genannt.

Der Lebenszyklus der echten Amaryllis verläuft recht ähnlich wie der ihrer südamerikanischen Kollegin, und sie ist ebenfalls äußerst giftig, sogar noch stärker als der *Hippeastrum*. Bereits zwei Gramm des Alkaloids Bellamarin aus der Zwiebel reichen aus, um einen Menschen ins Jenseits zu befördern. Der Saft der echten Amaryllis wurde dann auch von den indigenen Völkern des südlichen Afrikas gern als Pfeilgift verwendet.

Ob nun Amaryllis oder Ritterstern, sie bringen mich immer wieder zu einem grundsätzlichen Staunen über die Natur. Wie kann es nur sein, dass in einem winzigen Samenkorn, in einer Wurzel oder einer Zwiebel ein derart komplexes »Programm« hinterlegt ist und nur darauf wartet, bei entsprechenden Bedingungen in Gang zu kommen und abzulaufen wie nach einem inneren Uhrwerk? Wie kann das gehen, woher stammen all diese Informationen, die einen Keim oder einen Trieb veranlassen, derartige Wunder wie zum Beispiel die Blüte eines Ritterssterns hervorzubringen?

Als ich einmal mit dem Leiter einer Abteilung eines großen botanischen Gartens über diese Frage sprach, verblüffte mich der Wissenschaftler. »Es ist und bleibt das Geheimnis der Schöpfung«, sagte er. Auf meine vorsichtige Frage, was genau er unter »Schöpfung« verstehe, antwortete er, der Kern meiner Frage sei wissenschaftlich nicht erklärbar. »Es bleibt ein Rest, ein Geheimnis, eine offene Frage. Für mich persönlich steht hinter all diesen Erscheinungsformen eine schöpferische Kraft. Nennen Sie es Gott oder anders. Rein physikalische oder biochemische Erklärungsansätze reichen einfach nicht aus.«

Immer wieder hörte ich von Wissenschaftlern, die ich mit meinen zahlreichen Fragen bombardierte, die unerwartete Antwort: »Das wissen wir nicht.« Dabei dachte ich stets, die Wissenschaft habe inzwischen so gut wie alles, was unter der Sonne existiert, erforscht. Doch das Gegenteil ist der Fall. Die offenen Fragen werden nicht weniger, sondern mehr. Täglich werden in den riesigen Urwäldern dieser Erde neue Spezies gefunden. Wir wissen so wenig und glauben uns doch der Schöpfung gegenüber so überlegen.

Als Kinder waren wir es gewohnt zu staunen. Vielleicht täte es uns und unserer Umwelt gut, wenn wir damit wieder beginnen würden? Wenigstens ein bisschen? Uns fragen, wie es kommt, dass unser Ritterstern an Weihnachten so herrlich blüht, statt seine Schönheit als gegeben zu nehmen und uns womöglich noch darüber zu ärgern, dass der holländische Großhändler, von dem wir doch unbedingt einen roten Ritterstern wollten, eine weiß blühende Sorte mit einem karmesinfarbenen Etikett versehen hat? Und jetzt blüht das doofe Ding weiß?!

Ach, lassen Sie uns einfach ein bisschen staunen. Das Leben ist zu kurz und viel zu sehr angefüllt mit Wundern, um sich über solche Dinge zu ärgern.

Die Orchidee

Elegant und voller Tricks

Haben Sie sich schon einmal gefragt, warum in chinesischen Restaurants häufig Orchideen als Tisch- oder Fensterschmuck anzutreffen sind? Sie mögen kunstvoll aus Seide gefertigt sein oder echt – Orchideen dürfen nicht fehlen, wenn es darum geht, ein für das asiatische Empfinden angenehmes Ambiente zu schaffen.

Die ältesten schriftlichen Zeugnisse über die Kultur dieser bemerkenswerten Pflanzen stammen tatsächlich aus dem Reich der Mitte, und zwar finden sie sich in Gedichtsammlungen aus dem 8. Jahrhundert vor unserer Zeitrechnung. Konfuzius prägte rund 300 Jahre später den Begriff »Lan« 兰 für den Eindruck, den die Schönheit der Orchideenblüte auf ihn ausübte, was übersetzt so viel heißt wie Reinheit, Schönheit und schlichte Eleganz. Damit stellte der Begründer des Taoismus die Orchidee an die Spitze der Blütenfamilien. Sie wurde zum Synonym für eine Person, die eine ideale Lebensführung verfolgt, für Schönheit und Anmut sowohl des Charakters als auch des Geistes, woraus sich auch die äußere Schönheit nährt. »Lan« sammelte im Laufe der Zeit eine große Bedeutungspalette an, stand für eine edle Gesinnung, Reinheit im Sinne von Jungfräulichkeit, für erfüllte Liebe, für den Duft der Düfte, für das Gute und Beste schlechthin. Ganz ähnlich wie die Vorsilbe »eu« im Griechischen jeden Begriff ins Positive rückt, so verfeinert bis heute in der gebildeten Schicht Chinas das vorausgestellte Wort »Lan« ebenfalls alles, was mit ihm verknüpft wird. »Lan yu« 兰友 ist der Ausdruck für gute Freunde mit verfeinerter Kultur und »Lan Xin Hui Zhi« 兰心蕙质 bezeichnet eine elegante, schöne und gebildete Frau. Im *I Ging*, dem Buch der Wandlungen, heißt es: »Worte unter wahren Freunden sind so süß wie der Duft von Orchideen.«

Konfuzius hatte mit seiner Namensgebung meiner Meinung nach ein deutlich besseres Gespür als Theophrastos von Eresos, der irgendwann im 4. vorchristlichen Jahrhundert in seiner *Historia plantarum* eine Pflanze mit zwei unterirdischen Knollen beschrieb und sie, offenbar durch die Ähnlichkeit der Form angeregt, »orchis« nannte, was so viel wie »Hoden« bedeutet. Vermutlich meinte er tatsächlich die Art *Orchis morio*, das »Kleine Knabenkraut«. In der Schrift *Naturalis historia* des römischen Naturphilosophen Plinius des Älteren lesen wir von der kräftigenden und die Fruchtbarkeit steigernden Wirkung von »Orchis herba«, das er auch »serapias« nennt, nach dem ägyptisch-hellenistischen Fruchtbarkeitsgott Serapis.

Pedanios Dioskurides, ein griechischer Arzt und Pharmakologe, beschrieb im 1. Jahrhundert nach Christus drei weitere Arten. Dabei beschäftigte auch er sich weniger mit der Anmut der Blüten als mit der Form der knolligen Wurzeln und empfahl Männern, vor dem Liebesakt von den besonders großen rundknolligen »orchis« zu kosten, wenn sie einen Knaben zeugen wollten, Frauen hingegen legte er die kleineren Letztjährigen ans Herz, falls sie eine Tochter zu empfangen wünschten. Der Erfolg dieser Methode sei dahingestellt. Die ernüchternde Tatsache allerdings ist, dass der Name »Orchidee« streng genommen »Hodenartige« bedeutet. Was spätere Gelehrte wie Plinius womöglich darauf brachte, den Genuss von Orchideenwurzeln, vor allem der knollenförmigen, als natürliches Viagra zu empfehlen. Statt »Reinheit« und »Jungfräulichkeit« zu symbolisieren, wurde die Pflanze nun zum Hausmittel für großartigen Sex.

Auf Erfahrungsberichte fand ich keine Hinweise. Und von Selbstversuchen möchte ich abraten. Ohnehin bleibt fraglich, welche Knollen genau gemeint sein könnten, denn die Familie der Orchideen ist unermesslich groß. Genaue Zahlen lassen sich nicht nennen, da immer wieder neue Spezies bekannt werden. Die Schätzungen lagen im Jahr 2005 bei rund 25 000 Arten und 900 Gattungen. Damit stellt sie ungefähr ein Zehntel aller Blütenpflanzen weltweit. Tatsächlich wachsen Orchideen so gut wie überall auf der Welt – außer in Sandwüsten und in der Antarktis. Diese Experten der Anpassung gedeihen sogar nördlich vom nördlichen Polarkreis, in Patagonien und auf den dem Südpol vorgelagerten Inseln. Die meisten bleiben allerdings in den

Tropen und Subtropen beheimatet, vorrangig in Asien und in Südamerika. Aber auch auf unseren Wiesen, sofern sie noch nicht durch Umweltgifte und Manipulationen der Menschen aus ihrem ökologischen Gleichgewicht gebracht wurden, sind Orchideen zu Hause.

Zum Beispiel das Gefleckte Knabenkraut, das häufig auf den Trockenwiesen des Schwarzwalds zu sehen ist. Oder das Schwertblättrige Waldvögelein, *Cephalanthera longifolia*, um nur zwei heimische Arten zu nennen.

Denken wir an Orchideen, sehen wir meist die in Gartencentern und Supermärkten angebotenen *Phalaenopsis* in Rosa, Violett und Weiß vor uns. Auf unseren Fensterbrettern ist sie zwar die am häufigsten anzutreffende Orchidee, denn sie stellt wenig Ansprüche und kommt zur Not mit allerlei widrigen Bedingungen zwischen Heizkörperluft und zu häufigem Gießen zurecht. Doch das riesige Spektrum ihrer Familie bildet sie keineswegs ab. Im Vergleich zu ihren tropischen Schwestern mit deren fantasievollen, bizarren und geheimnisvoll anmutenden Blütengebilden erscheint sie eher wie ein braves pausbäckiges Mädchen, das kein Wässerchen trüben kann.

Dagegen wirken die getigerten Blüten einer *Stanhopea martiana* oder die der *Diuris drummondii* mit ihren spitzen Kronblättern und dem kühnen Lippentrichter wie Boten aus einer anderen Welt. Um in den unterschiedlichsten Habitaten überleben, also ihre Fortpflanzung sichern zu können, haben die Blüten die denkwürdigsten Methoden entwickelt, mit denen sie Insekten und andere Tiere dazu verführen, ihre Pollen zur nächsten Blüte zu tragen und dadurch für die Befruchtung zu sorgen. Insofern hat das Ganze also doch mit Verführung und Sexualität zu tun – allerdings nicht in Hinblick auf die Lust des Menschen.

Grundsätzlich sind alle Orchideenblüten, so unterschiedlich sie sich präsentieren mögen, auf ein Grundmuster zurückzuführen. Sie besitzen drei verschiedene Arten von Blütenblättern: nach unten beziehungsweise nach vorn bietet eine sogenannte »Lippe« oder lateinisch *labellum* eine ideale Landerampe für anfliegende Insekten. Drei Petalen bilden darüber einen dreizackigen Stern, quasi als Aufmerksamkeit heischende »Fluglotsen«, die geflügelte Gäste zum Halt auf der Blüte einladen. Zwischen den drei Petalen befinden sich zwei weitere Blütenblätter, Sepalen genannt, die bei manchen Sorten mit der Blütenkrone verwachsen sind.

Die Gestalt der Landerampe oder das Labellum bestimmt das Aussehen der Orchideenart, denn es beherbergt das Herzstück der Blüte, den Ort, an dem die Befruchtung stattfindet und anschließend die klebrigen Samenpäckchen, die Pollinien, auf ihre Mitnahme zur nächsten Blüte warten. Hier wird wie bei den meisten anderen Blüten mit Farbe und Duft gelockt. Doch das ist noch lange nicht alles, was manche Orchideenarten als Verführungsprogramm auf Lager haben.

Bei den einen ist das Labellum kurz, mitunter von einer Art gekräuseltem Spitzenrand eingefasst, es kann sich aber auch wie eine Zunge nach außen strecken, schmaler, breiter – bei der Orchidee gibt es nichts, was es nicht gibt. Immer ist dieser Teil der Pflanze auch besonders gefärbt, um Aufmerksamkeit zu erregen. Der Orchideenforscher John Lindley schrieb 1858, Orchideen träten in so verschiedenen Gestalten wie Schauspieler auf.

Da gibt es die sogenannten Röhrenblüten, bei denen, wie der Name schon sagt, das Insekt sich dazu animiert fühlt, durch eine Röhre zu kriechen, und bei dieser Gelegenheit großzügig mit Pollenpaketen beladen wird. Besonders raffiniert agieren die bei uns heimischen Gattungen, die man Pheromonblüten nennt. Bei diesen Pflanzen ähnelt die Form der Blüte einem weiblichen Insekt, und um den Betrug perfekt zu machen, verströmen sie sogar die diesem Insekt eigenen Sexualduftstoffe. Derart betörte männliche Partner verwechseln also die Blüte mit einer Gespielin und verhalten sich auf und in der Blüte so, wie sie es bei der Paarung tun. Statt für Nachkommen zu sorgen, wälzen sie sich in den Pollen der Orchidee und befruchten bei einer neuerlichen »Pseudokopulation«, wie der Fachbegriff für dieses Täuschungsmanöver lautet, die nächste Blüte.

Dann gibt es noch jene Orchideen, die keineswegs selbst Nahrung anbieten, wie es die meisten anderen Blumen tun, sondern eine Beute vortäuschen. Ihre Zielgruppe sind vor allem Wespen und Hornissen, die sich auf das vermeintliche Opfer – zum Beispiel eine Honigbiene, deren Duft die Pflanze imitiert – stürzen und bei der Suche nach dem nicht vorhandenen Leckerbissen die Pollen der Orchideen in ihren Pelz aufnehmen.

Die Täuschungsmanöver der in den Tropen und Subtropen beheimateten Gattung *Bulbophyllum* sind noch ausgefeilter. Da gibt es Arten, deren Blüten nicht nur wie weibliche Insekten aussehen, sondern sogar deren Bewegungsmuster imitieren. Dazu schaukeln sie sanft an perfekt austarierten Gelenken hin und her. Die dünnen rubinroten Härchen auf der Lippe der afrikanischen *Bulbophyllum barbigerum* geraten beispielsweise schon beim leichtesten Luftzug in Schwingung und versetzen auf diese Weise die gesamte Blüte in sanfte Vibration, was den berauschten Verehrer glauben lässt, ein Weibchen warte nur darauf, von ihm befruchtet zu werden.

Vielleicht ist diese beeindruckende evolutionsbedingte Listigkeit im Umgang mit ihren Bestäubern der Grund dafür, dass im Zeitalter des Art déco die Orchidee als eines der Attribute einer Femme fatale stilisiert wurde. Auch der französische Glas- und Schmuckkünstler René Lalique schuf üppige Geschmeide nach dem Vorbild dieser exotischen Schönheiten. Besonders jene mit ausgeprägtem röhrenförmigen Labellum, in das der Bestäuber hineingelockt wird, haben nach Form und Funktion durchaus Ähnlichkeit mit der weiblichen Vulva. Die amerikanische Malerin Georgia O'Keeffe, die ich sehr bewundere, spielte mit dieser Assoziation übrigens in zwei ihrer Gemälde aus dem Jahr 1941.

Inbegriff der Schönheit, aber auch das Symbol für die den männlichen Partner verschlingende Leidenschaft verkörpern vor allem die Frauenschuh-Orchideen. Ihre Lippen sind mit lockenden Duftdrüsen besetzt und gehen nach einer einladenden Landerampe in einen vasenförmigen Beutel über. Einmal angelockt, gerät das Tier auf die »schiefe Bahn«, und abwärts geht es auf einer Rutschbahn bis auf den Grund des Beutels. Feine Härchen verhindern einen Rückzug, der einzige Weg in die Freiheit führt über das rückwärtige Innere der Falle, die sich zu einer Röhre verengt. Schon erblickt das Tier Tageslicht. Doch um in Freiheit zu gelangen, muss es sich durch einen Vorhang aus Pollen hindurchkämpfen, die an ihm kleben bleiben. Denn es wird wieder auf die Falle hereinfallen und bei der nächsten Durchquerung eines Frauenschuh-Beutels den Samen an der klebrigen Narbe abladen, um kurz vor dem Ausgang wiederum neuen aufzunehmen.

Es gibt in der Welt der Orchideen durchaus aggressivere Methoden als die der Frauenschuh-Familie. Die *Arthrochilus irritabilis* aus dem Südosten des australischen Kontinents etwa geht noch weniger zimperlich mit ihren Bestäubern um. Die Lippe dieser Art ist ebenfalls eine Falle, doch die paarungsbereiten männlichen Wespen, die die Blüte mit einer Gespielin verwechseln, gleiten nicht einfach über eine Rutschbahn ins Innere wie beim Frauenschuh. Die tänzelnde Bewegung bei der vermeintlichen Paarung löst einen Mechanismus aus, der die Falle zuschnappen lässt. Insekt samt Lippe werden nach unten zum Blütenstempel katapultiert. Ehe sie sich's versieht, befruchtet die Wespe die Blüte und nimmt bei ihrer Flucht neue Pollenpakete mit.

Fast ebenso spannend wie die Eigenschaften der Orchidee selbst sind die Geschichten darüber, wie die europäische Welt von ihrer Vielfalt erfuhr.

Es war im Jahr 1833, als in London eine internationale Blumenmesse veranstaltet wurde. Zu ihren Besuchern zählte William Spencer Cavendish, der sechste Herzog von Devonshire, der bereits eine ansehnliche botanische Sammlung besaß, darunter Orchideen. Hier allerdings sah er zum ersten Mal ein Exemplar aus Mittel- und Südamerika mit schokoladenbraunen Blättern und leuchtenden gelb-braun gestreiften Blüten. Es handelte sich um die Orchidee *Psychopsis papilio,* und es war aufseiten des Herzogs Liebe auf den ersten Blick. Er beschloss, von nun an seine ganze Energie auf die Sammlung von Orchideen zu verwenden und eines Tages die größte Kollektion der Welt zu besitzen.

Zu seiner Zeit konnte man Orchideen, vor allem seltene Exemplare, nicht so einfach kaufen. Doch wie immer, wenn ein rares Gut Begehrlichkeiten weckt, gibt es Menschen, die in der Beschaffung dieser Ware einen Weg sehen, ihre Abenteuerlust mit einer hohen Gewinnmarge zu verbinden. So auch damals zu Beginn des 19. Jahrhunderts. Hugh Cuming hieß der Mann und »Pflanzenjäger«, der dem Herzog eine *Phalaenopsis* von den Philippinen für die ungeheure Summe von 100 Guineen verkaufte.

Das war damals wie heute viel Geld. Cavendish ging bald dazu über, selbst Pflanzenjäger in die weite Welt auszusenden.

Nun war er nicht der Erste, der sich intensiv mit dem Studium der Orchideen beschäftigte. Bereits seit der Entdeckung des amerikanischen Kontinents gelangten einzelne Exemplare nach Europa, die man allerdings aufgrund fehlenden Wissens nicht einzuordnen vermochte und die vermutlich ihre Verschleppung auch nicht lange überlebten. Für Aufsehen sorgte eine Anfang des 16. Jahrhunderts bei der Eroberung von Mexiko entdeckte Orchidee, deren Samenkapseln eine intensiv duftende und wohlschmeckende feuchte Substanz enthielten – die Vanille. In einer Schrift von 1552, in dem das uralte Wissen zweier Azteken überliefert sein soll, wurde Vanille empfohlen, um Schokolade zu aromatisieren. Außerdem wurde ihr die Fähigkeit zugeschrieben, Reisende zu schützen, Ängste zu beseitigen, das Herz zu stärken und Müdigkeit zu vertreiben.

Es heißt, dass König Philipp II. von Spanien von diesen Berichten derart angetan war, dass er seinen Leibarzt nach Mexiko schickte, um noch mehr von dem faszinierenden medizinischen Wissen der Ureinwohner zu erfahren. Zwischen 1571 und 1577 entstand so das Werk *Rerum Medicarum Novae Hispaniae Thesaurus*, in dem auch eine Vanillepflanze beschrieben und abgebildet war. Der Leibarzt nannte neben ihrem aztekischen Namen *tlilxochitl* auch seine eigene spanische Variante, die übersetzt »aromatische Bohne« bedeutete. Von dort war der Weg zu der durchaus treffenderen Bezeichnung »Schote« oder spanisch *vaina* nicht weit, und mit der Zeit wurde daraus die *vainilla* oder Vanille.

Dass es sich dabei um eine Orchidee handelte, war damals jedoch niemandem bewusst. Denn rein äußerlich scheint die kletterfreudige *Vanilla planifolia* mit anderen Orchideen rein gar nichts gemein zu haben. Die betörend duftenden Blüten ähneln gelblich weißen Trompeten, ihre Blätter sind lanzettförmig und glänzend.

Das Problem war allerdings, dass es niemand schaffte, die mitgebrachten Exemplare zu befruchten. Sie blühten willig, doch Schoten bildeten sie nicht. Denn die zu dieser Pflanze gehörenden Befruchtungsinsekten hatte man nicht mitgebracht, dass in ihrem Ursprungsland Mexiko die Bienen der Gattung *Melipona* sowie einige Kolibri-Arten diesen »Job« erledigten, wusste man damals nicht. Deshalb war man noch lange Zeit auf die kostspieligen Importe aus der neuen Welt angewiesen, wollte man das köstliche Vanillearoma genießen, worauf die Spanier volle 300 Jahre das Monopol behielten.

Als Geschichtenerzählerin interessiert mich nichts mehr als menschliche Schicksale – und das eines Mannes, der mit der Geschichte der Vanille eng verbunden war, führt uns auf die Insel La Réunion zu Beginn des 19. Jahrhunderts. Damals hieß die Insel noch Île Bourbon, und dort wurde Edmond Albius als Sohn einer aus Afrika verschleppten Sklavin auf dem Landgut des aus Frankreich stammenden Kolonialherrn Féréol Bellier Beaumont geboren. Edmonds Mutter starb bei der Geburt, und Beaumont adoptierte den Jungen, möglicherweise war er sogar sein leiblicher Vater. Das ist reine Spekulation – aber warum sonst sollte der Landbesitzer einen neugeborenen Sklavenjungen adoptieren?

Trotz des spanischen Verbots wurden im Jahr 1807 Stecklinge der Vanillepflanze nach Java und La Réunion gebracht, allerdings stellte sich auch hier das Problem der Befruchtung. Im Innern des langen, schmalen Lippenrohrs befindet sich nämlich eine Klappe, die den männlichen Staubbeutel von der weiblichen Narbe trennt.

Es war Edmond Albius, der im Alter von zwölf Jahren herausfand, wie man die Befruchtung der Vanilleblüte auch ohne Biene oder Kolibri bewerkstelligen konnte. Mit einem Grashalm fuhr er vorsichtig in die Röhre, öffnete damit die Klappe und strich mit seinem Daumen hinein, wobei er den Samen über die klebrige Narbe verteilte. Fertig.

So einfach das klingen mag, seine Entdeckung war der Startschuss für die industrielle Kultivierung der Vanille und der Anfang vom Ende des spanischen Monopols. Noch heute wird die Methode des zwölfjährigen Sklavenjungen angewendet. Seine Entdeckung machte seine Heimatinsel zum größten Vanilleproduzenten der Welt und die Landbesitzer unermesslich reich. Die Bezeichnung »Bourbon-Vanille« steht bis in unsere Tage für Qualität. Doch was wurde aus Edmond Albius?

Er war neunzehn Jahre alt, als die Sklaverei abgeschafft wurde. Edmond verließ die Plantage seines Herrn und Adoptivvaters und ging nach Saint-Denis, der Hauptstadt der Insel. Offenbar versuchte er, sich eine eigene Existenz aufzubauen, und arbeitete zunächst als Küchengehilfe. Bis etwas Einschneidendes geschah: Ihm wurde vorgeworfen, Schmuck gestohlen zu haben. Er wurde zu zehn Jahren Zuchthaus verurteilt. Nach fünf Jahren begnadigte ihn der Gouverneur der Insel angesichts seines Beitrags zum Wohlstand von La Réunion. Edmond Albius kehrte zurück nach Sainte-Suzanne und starb im Alter von 51 Jahren in großer Armut.

Eine traurige Geschichte. Nicht immer schreibt das Leben Happy Ends. Unterdessen sammelten die unter glücklicheren Sternen Geborenen in Europa eifrig weiter und tranken mit Bourbon-Vanille aromatisierte Schokolade.

Da war zum Beispiel der Kaufmann und Sammler exotischer Pflanzen William Cattley. 1819 hatte er aus Brasilien eine umfangreiche Lieferung von Pflanzen erhalten, darunter auch einige ausgetrocknete Orchideen. Ihm gelang es, eine davon zum Blühen zu bringen. Die Legende besagt, dass sein Pflanzenjäger in größter Ahnungslosigkeit das vertrocknete Material lediglich zur Polsterung und Verpackung der eigentlichen Fundstücke in die Kiste gelegt hatte. Aus purem Zufall oder aufgrund seiner Umsicht behandelte der Kaufmann jedoch alles, was man ihm schickte, mit derselben Sorgfalt. Und siehe da, aus dem scheinbar vertrockneten Laub entwickelte sich ein Jahr später eine wundervolle purpurrote Blüte. Wie gesagt: *Se non è vero, è ben trovato.* Die Orchidee wurde unter dem Namen *Cattleya labiata* weltberühmt.

Wie immer, wenn die Menschheit über einen seltenen Gegenstand in Aufregung gerät, endet die Sache nicht gut für das Objekt der Begierde. In den Zwanzigerjahren des 19. Jahrhunderts wurde die westliche Welt von einem wahren Orchideenfieber erfasst. Um der großen Nachfrage zu entsprechen, sandten mehr und mehr Gärtnereien zu kommerziellen Zwecken »Agenten« in die bekannten Herkunftsgebiete. Der Beruf des »Orchideenjägers« war geboren.

Stets neue, nie zuvor gesehene Ware verlangte diese Modewelle, die über Europa hinwegrollte. Da man noch wenig Erfahrung mit der Vermehrung der Pflanzen hatte, handelte man fast nur mit ausgewachsenen Wildpflanzen. Systematisch wurden in allen Teilen der Welt die Populationen dezimiert, in Kolumbien beispielsweise auf einen Schlag viertausend Bäume gefällt, nur weil in ihren Ästen und Zweigen die begehrte *Odontoglossum crispum* wuchs. Zehntausend Exemplare brachte dieser Raubbau ein, der zugleich ein gesamtes Habitat zerstörte. Vielerorts wurden ganze Populationen auf diese Weise ausgelöscht. Und selbst als es den Gärtnern endlich gelang, Pflanzen in ihren Gewächshäusern zu vermehren, hielt sich der Trend, besonders ausgefallene Sorten nach wie vor »jagen« zu lassen, um sich mit der Beute von den anderen abzuheben. Joseph Chamberlain beispielsweise wurde berühmt dafür, dass er stets eine Blüte aus seiner umfangreichen Orchideensammlung an seinem Revers trug.

Wer zu Hause eine Orchidee stehen hat, muss heute kein schlechtes Gewissen haben. Denn die Pflanzen, die bei uns zum Verkauf angeboten werden, sind hauptsächlich Hybriden und werden inzwischen vorwiegend in vitro erzeugt. Dennoch ist die Gier nach besonders seltenen Exemplaren nie vollständig erloschen, und nach wie vor kommt es zu Plünderungen, wie beispielsweise nach der Entdeckung einer *Phragmipedium kovachii* in Peru. Wer also eine außergewöhnliche Orchidee kaufen möchte, sollte sich eingehend nach ihrer Herkunft erkundigen. Qualifizierte Beratung kann man sich kostenlos beispielsweise über das »Grüne Telefon« des Botanischen Gartens der Insel Mainau holen.

Außerdem bin ich der Meinung, dass man nicht alles, was man bewundert, auch unbedingt besitzen muss. Wir können nur wenigen Orchideen ein angemessenes Zuhause bieten, die übrigen lieben eine andere Zimmertemperatur und Luftfeuchtigkeit als wir Menschen. Aber in jeder größeren Stadt gibt es Botanische Gärten mit Orchideenhäusern. Dort können wir sie in all ihrer Pracht zur gegebenen Blütezeit bestaunen und ihr Bild mit unseren Erinnerungen an einen perfekten Tag mit nach Hause nehmen.

Das Veilchen

Duftstarker Winzling

Das Veilchen ist der Kosmopolit unter den Blumen, es kommt mit mehr als 900 Arten praktisch überall auf der Welt vor – sogar in arktischen Gebieten. Es liebt den Halbschatten und mag es feucht. Bei so reicher Varietät gibt es natürlich auch Spezialisten: *Viola athois* zum Beispiel wächst nur, so sagt man, auf dem Heiligen Berg Athos in Griechenland und gilt deshalb ebenfalls als heilig.

Seit langer Zeit assoziiert der Mensch das Blümchen außerdem mit weiblicher Bescheidenheit – warum wohl? Weil es so klein ist, dass man es erst auf den zweiten Blick überhaupt entdeckt?

Sei wie das Veilchen im Moose,
bescheiden, sittsam und rein.
Und nicht wie die stolze Rose,
die stets bewundert will sein.

Erwähnte ich bereits, dass mich schon als Kind die meisten Poesiealbumsprüche auf die Palme brachten?

Wie konnte eine Pflanze »sittsam« sein? Gab es »unreine« Blumen? Es war doch offensichtlich, dass die Rose einfach nur existierte – wer durfte ihr unterstellen, »stets bewundert« werden zu wollen? Was sollte daran falsch sein, hin und wieder stolz auf etwas zu sein, was man besonders gut gemacht hat?

Dass heute die große Schwester des Veilchens, das Stiefmütterchen, gern auf Gräber gepflanzt wird, hat nicht nur praktische Gründe. Sicherlich, man pflanzt sie antizyklisch im Herbst und braucht sich bis ins späte Frühjahr hinein keine Sorgen darüber machen, dass auf dem Grab des geliebten Menschen womöglich nichts blüht. Doch bereits im antiken Griechenland pflegte man auf Frauengräber Veilchen als Zeichen der Weiblichkeit, Ausdauer und Anmut zu pflanzen. Ist es nicht erstaunlich, dass sich dieser Brauch über all die Jahrtausende erhalten hat?

Das Wiesenveilchen mag zwar klein sein, doch sein Duft ist gigantisch. Am stärksten duftet *Viola odorata*, das hauptsächlich in den Regionen rund um das Mittelmeer und in Kleinasien beheimatet ist. Es gibt kaum ein Parfüm, zu dem das Veilchen nicht seine unverwechselbare süß-aromatische Note beisteuert. Schnuppern wir an einem dieser zarten rötlichblauen Gebilde, durchflutet uns ein Gefühl des Wohlbehagens, der Sinnlichkeit und der Sehnsucht nach unbekannten Welten.

Auch das Laub der *Viola* wird für die Parfümindustrie genutzt. Sein Duft wird als »intensiv grün« beschrieben und erinnert an gemähtes Gras, ein klein wenig auch an eine aufgeschnittene Gurke. Diese frische Nuance ist unerlässlicher Bestandteil zahlreicher Parfüms der blumigen sowie bei Duftwassern der orientalisch anmutenden Richtung. Dafür werden in Südfrankreich, einem der Zentren des Duftpflanzenanbaus für die Parfümherstellung, zwei verschiedene Sorten von Veilchen aufgezogen: das Parma- und das Viktoria-Veilchen.

Verantwortlich für ihren süßlichen Duft sind sogenannte Jonone, von den Terpenen abgeleitete Substanzen, die nicht nur im Veilchen vorkommen, dort aber in geballter Ladung. Seit ihrer Identifizierung im Labor der Haarmann & Reimer Vanillinfabrik im Jahr 1893 ist man nicht mehr darauf angewiesen, sie durch den komplizierten und kostenaufwendigen Prozess der Öldestillation zu gewinnen, sondern es ist möglich geworden, die Verbindung chemisch herzustellen.

Für Verwirrung sorgt die irreführende Bezeichnung »Veilchenwurzel« auf der Liste der Inhaltsstoffe einiger Kosmetikartikel. Denn dabei handelt es sich keineswegs um die Wurzel der *Viola odorata* oder einer anderen Veilchenart, sondern um die Wurzel der Schwertlilie, auch Iris genannt, die einen sehr ähnlichen Duft besitzt.

Als Strauß oder Bouquet ist das Veilchen heutzutage völlig aus der Mode geraten. Das war im 19. Jahrhundert noch ganz anders, als in Paris an jeder Straßenecke eine Veilchenverkäuferin auf Kundschaft wartete, und das offensichtlich mit Erfolg. Man kaufte sie gern, die winzigen Sträuße, steckte sie sich ans Revers oder ins Haar, ans Kleid oder ins Dekolleté. Man verschenkte es oder stellte es zu Hause in eine kleine Vase. Warum war ausgerechnet das Veilchen so begehrt?

Ich vermute, es lag, neben seiner Anmut und der ansprechenden Farbe, vor allem an seinem Duft. Man darf nicht vergessen, in jenen Zeiten stank es in den Städten gen Himmel, gab es doch keine zureichenden Abwassersysteme, und das, was wir heute in der Toilette mit viel Wasser in den Untergrund spülen, landete Tag für Tag auf der Straße. Auch waren Bäder in Miet- oder Privathäusern eine Seltenheit, und der Aufwand, Wasser zu erhitzen, war enorm. Zwar gab es aus diesem Grund öffentliche Bäder, die regelmäßig aufgesucht wurden, doch so ein bisschen wohltuender Veilchenduft konnte zwischendurch sicher nicht schaden.

Der Maler Pierre Bonnard, Zeitgenosse und Freund von Henri Matisse, lief im Alter von 26 Jahren einer solchen Pariser Veilchenverkäuferin quasi in die Arme und verliebte sich in sie. Vier Jahrzehnte war Marthe de Méligny, wie sie sich nannte, seine Muse und Lebensgefährtin. Er malte sie unzählige Male, vor allem ihre Leidenschaft für das Baden bildete er immer wieder ab. Auf fast vierhundert Gemälden sehen wir Marthe in ihrer Küche, in dem durch einen Vorhang abgetrennten Bade, in der Wanne. Erst bei ihrer späten Heirat, nach dreißig Jahren, die sie ohne Trauschein zusammengelebt hatten, erfuhr Bonnard den wahren Namen seiner Partnerin, Maria Boursin.

Warum sie sich einen erfundenen, adeligen Namen zugelegt hatte, ist nicht bekannt. Doch nährt sie das Klischee von den Pariser Blumenverkäuferinnen als Mädchen zweifelhafter Herkunft, undurchsichtiger Vergangenheit und großer Verführbarkeit.

Auf eine weitere etwas altmodische Verwendung von Veilchen stieß ich vor ein paar Jahren bei einem Bummel durch die Altstadt von Genua. Vor dem aufwendig dekorierten Jugendstil-Schaufenster einer Konditorei blieb mein Blick an einem Tablett mit Konfekt hängen. Die Pralinen zierte eine Veilchenblüte, die wirkte wie mit Eis überzogen. Es war kein Eis, sondern Zucker. Die Blüten waren kandiert.

Das musste ich mir natürlich genauer ansehen, ich betrat den Laden und kaufte eine Tüte Veilchenpralinen. Ich kann nicht behaupten, dass mich der Geschmack sonderlich begeisterte, Konfekt, das nach Parfüm schmeckt, ist meine Sache nicht unbedingt. Anders die legendäre Sissi, Kaiserin Elisabeth von Österreich, die sich regelmäßig kandierte Veilchen aus der K.-u.-k.-Hofzuckerbäckerei liefern ließ. Und schaut man einmal im Internet nach, findet man eine Fülle an Rezepten, zu deren Zutaten kandierte Veilchen gehören, vor allem im Bereich des Desserts.

Heutzutage fast vergessen ist das Veilchen als Heilpflanze. Hildegard von Bingen schrieb über ein solches Mittel aus Veilchen: »Wer Kopfweh hat, der salbe mit dieser Salbe die Stirn in der Quere, und es wird ihm besser gehen. Aber auch wer irgendwelche Geschwüre in seinem Körper hat, der verwende diese Salbe. Und wo der Krebs und andere Würmer einem Menschen das Fleisch zerfressen, soll darüber gesalbt werden, und die Würmer werden sterben, wenn sie davon gekostet haben.« Dazu gab sie die Rezeptur einer Salbe an, die bis heute ein kostbares Hausmittel darstellt.

Tatsächlich besitzt das Veilchen wirksame Inhaltsstoffe, die vor allem der Gesundheit der Haut zugutekommen. Seine ätherischen Öle wirken wie ein Antioxidans und abwehrend gegen Viren, Keime und Pilze. Durch die in der Pflanze enthaltene Salicylsäure kann die Veilchencreme auch im Anfangsstadium von Hauterkrankungen Linderung bringen, beispielsweise bei Juckreiz und Schuppenbildung sowie bei Akne.

Dass Hildegard vor allem Kopfschmerzen als Einsatzgebiet nennt, legt nahe, dass auch hier die Salicylsäure zur Wirkung kommt – eine Vorstufe der Acetylsalicylsäure, also von Aspirin.

Auch als Narbensalbe wird die Veilchencreme nach dem Rezept von Hildegard von Bingen empfohlen. Ich habe stets ein Näpfchen mit diesem duftenden Balsam in meinem Badzimmerschränkchen und glaube fest an seine Wirkung.

Doch wie wurde aus dem winzigen Blümchen, das der Farbe Violett den Namen gab und außer in diesem leuchtenden, tintenartigen Blau auch in helleren Abstufungen bis hin zu Weiß und sogar Gelb vorkommt, unser vielfarbiges, großblättriges Garten-Stiefmütterchen? Sie erraten es schon, wieder bedurfte es einer langen Entwicklungsgeschichte, bei der der Mensch in seinem Gestaltungswillen seine Hände im Spiel hatte.

Die Natur offerierte bereits die dreifarbige Spielart *Viola tricolor*, die sich von Island bis zum Mittelmeer findet. Dieses »Wilde Stiefmütterchen«, wie es auch genannt wird, ist formenreich und erscheint in den Farbspielen Dunkel- bis Hellviolett, Weiß und Gelb. Auch das Ackerveilchen, das der Mensch zu den Unkräutern zählt, weil es sich auf Kulturflächen einnistet, gilt als eine Unterart des Wilden Stiefmütterchens. Der Botaniker Tabernaemontanus aus Bergzabern nannte die Pflanze gegen Ende des 16. Jahrhunderts »Dreyfaltigkeitsblume«, weil ihre Blüten blau, gelb und weiß waren. Und schon Hildegard von Bingen, die immerhin rund 500 Jahre vor ihm gelebt und gewirkt hatte, wusste, dass diese Unterart des Veilchens gut gegen Krämpfe hilft.

Aber warum »Stiefmütterchen«?

Diesen Namen soll die Pflanze ihren farblich verschiedenen Blütenblättern verdanken. Dabei steht das untere, größte Kronblatt für die »Stiefmutter«, die beiden sich seitlich anschließenden, die ihm farblich meist ähneln, symbolisieren ihre »leiblichen Töchter«, während die beiden oberen Blütenblätter, die sich in der Regel von den anderen stark unterscheiden, als die »Stieftöchter« gelten. Auf so eine Idee in der Namensgebung muss man erst einmal kommen.

Anfang des 19. Jahrhunderts, als das Interesse der Europäer für Blumen geweckt wurde, wandte man sich in England der Zucht von Hybriden zu, bei der zu den heimischen Arten das exotische, gelb blühende Altai-Stiefmütterchen *Viola altaica Ker-Gawl* eingekreuzt wurde. Daraus entstand eine derart große Vielfalt an Varianten, dass man bald den Überblick verlor. Auch auf dem Kontinent wurde eifrig gekreuzt und gezüchtet. In Frankreich erzielte man überaus interessante Ergebnisse durch Kreuzungen mit dem Langsporn-Veilchen *Viola calcarata* und dem Olympischen Veilchen. Und im deutschen Quedlinburg soll die Grundlage für die noch heute beliebte Sorte »Pirnaer Winterblühende« gelegt worden sein, während in den Zwanzigerjahren des 20. Jahrhunderts am Thuner See die legendären »Schweizer Riesen« gezüchtet wurden – beides Sorten, die man aus Rabatten, Balkonkästen und Friedhöfen nicht mehr wegdenken kann.

Mit dem schlichten Veilchen haben diese kleinen Persönlichkeiten, die ein Gesicht zu haben scheinen und in Frankreich *Pensée*, »Gedanke«, sowie im Englischen *Pansy*, »Schönling«, heißen, nicht mehr viel zu tun. Näher an ihrem Ursprung des Ackerveilchens bleiben da die Hornveilchen *Viola cornuta* mit ihrem Duft und ihren verhältnismäßig kleinen Blüten, von denen die Polster jedoch nur so übersät sind. Für diejenigen unter uns, die sich an den allgegenwärtigen Stiefmütterchen sattgesehen haben, sind sie möglicherweise eine anmutige Alternative.

Und dann gibt es ja noch die Usambaraveilchen, die vor allem in den Siebzigerjahren eine unglaubliche Renaissance erlebten. Ich erinnere mich noch gut an die Fenstersimse einer meiner Tanten, auf denen jeder Zentimeter mit jenen Übertöpfen aus Kupfer und Messing besetzt war, in denen das auch »Afrikanisches Veilchen« genannte Pflänzchen in allen Farbschattierungen zwischen Weiß, Rosa, Blau und vor allem Violett blühte. Den Zusatznamen »Veilchen« verdanken die *Saintpaulia ionantha*, wie ihre botanische Bezeichnung lautet, vor allem der dem Duftveilchen ähnlichen Farbe, ansonsten haben die beiden Pflanzenfamilien nichts gemeinsam.

Faszinierend fand ich eine Zeit lang die einfache Art ihrer Vermehrung: Es genügt, eines der fleischigen, behaarten Blätter abzuknipsen und in ein neues Töpfchen mit Erde zu stecken. In kürzester Zeit bildet es Wurzeln und wird zu einer eigenständigen Pflanze. Und so ließ ich mich von meiner Tante anstecken und zog selbst die ursprünglich aus Tansania stammenden Usambaraveilchen auf meinem Fensterbrett. Da sie in ihrer Wildform in der Krautschicht tropischer Wälder wachsen, mögen sie keine pralle Sonne, sondern fühlen sich besonders an Nordfenstern wohl oder an solchen, die von hohen Bäumen beschattet werden. Als tropische Gewächse brauchen sie allerdings auch eine entsprechende Raumtemperatur, sinkt diese unter 20 Grad Celsius, verlangsamen sie das Wachstum oder stellen es ganz ein. Auch das Gießwasser darf nicht zu kalt sein, mindestens zimmerwarm und schön abgestanden mögen sie es, idealerweise stammt es aus der Regentonne.

Es gibt viele Merkmale, die das Usambaraveilchen zu einem attraktiven Gefährten machen, auch wenn es heute ein wenig aus der Mode geraten ist und man es tatsächlich mit alten Damen in Verbindung bringt. Die Blautöne, in denen die Wildform blüht, wurden durch Hybridzüchtungen erweitert, heute gibt es sogar mehrfarbige und gefüllte Varianten. Auch die herzförmigen, Rosetten bildenden Blätter sind attraktiv mit ihrer satt dunkelgrünen Ober- und mitunter rötlichen Unterseite. Auch hier haben die Züchter wieder großartige Arbeit geleistet und viele unterschiedliche Färbungen geschaffen.

Ein Usambaraveilchen ist ein ideales Mitbringsel, fordert außer den genannten Bedingungen keine intensive Betreuung und blüht von August bis ins Frühjahr oder auch das ganze Jahr hindurch reichlich, vor allem, wenn man sich die Mühe macht, die verblühten Stängel zu entfernen. Ein wenig Dünger hin und wieder, und das Pflänzchen ist glücklich. Vielleicht haben Sie ja eine nette Tante, die Sie damit erfreuen könnten?

Der Kaktus

Die zarte Seite eines stacheligen Gesellen

Als meine älteste Schwester das Haus verließ, erbte ich ihr Zimmer. Es war unter uns Geschwistern sehr begehrt, denn es lag abseits im Tiefparterre mit hohen Fenstern auf Gartenniveau. Auf dem Fensterbrett stand ein Kaktus, ein kaffeekannengroßer Kaventsmann, kompakt, dunkelgrün und stachelig, der irgendwie »schon immer« dagewesen war. Er störte nicht. Der Teenager, der ich damals war, nahm ihn kaum zur Kenntnis. Bis er ganz überraschend aus einer seiner Dornenrosetten einen fingerdicken, rund 20 Zentimeter langen, dunkel beschuppten Trieb ausbildete, der sich zu einer trompetenförmigen Blüte öffnete. Ein Wunder!

Man kann sich keinen größeren Kontrast vorstellen als diese perlmuttfarbenen, zarten und doch erstaunlich großen Blüten im Vergleich zum gesamten Pflanzenkörper, der auf mich wirkte wie ein Wesen, das sich selbst genug war und seine ganze Aufmerksamkeit nach innen richtete. Die Blüten hingegen erschienen mir wie der plötzliche Ausbruch eines Bedürfnisses, sich nach außen hin zu zeigen, sich zu öffnen in all seiner Verletzlichkeit. Ich weiß, alles nur sentimentaler Menschen-Schnickschnack: Auch der Kaktus blüht einzig und allein des Fortbestands wegen. Oder? Die kurze Blühdauer verstärkte nämlich den geschilderten Eindruck. Schien der Kaktus an sich für die Ewigkeit gerüstet zu sein, so überdauerte die Blüte nur eine Nacht und einen Tag. Gab ich nicht Acht oder war anderweitig beschäftigt, verpasste ich das Spektakel.

Der Kaktus, der mir zu Beginn unserer Wohngemeinschaft herzlich egal gewesen war, wuchs mir ans Herz. Als ich für das Studium mein Elternhaus verließ, zog er mit mir in mein winziges Zimmer im Studentenwohnheim um. Dort schien er sich nicht wohlzufühlen, er schrumpfte merklich ein, produzierte Unmengen von kugelförmigen Ablegern, doch eine Blüte erschien nie wieder. Heute weiß ich, dass sein angestammter Platz auf dem Fensterbrett des tendenziell kühlen Souterrainzimmers mit Morgensonne für ihn weit besser geeignet war als die südsonnige Studentenbude. Auch dass ich ihn über den Winter meist komplett vergessen hatte, war kein Nachteil für ihn gewesen, im Gegenteil. Kakteen benötigen im Winter eine Ruhepause bei niedriger Temperatur, um im Folgejahr zu blühen. Mein Gefährte hielt trotz meiner Ahnungslosigkeiten jahrelang durch. Irgendwann ging er zu meinem großen Bedauern dann doch ein.

Kakteen sind eigenwillige Pflanzenfreunde. Es gibt Menschen, die lieben und sammeln sie, den anderen bleiben sie ein Buch mit sieben Siegeln. Man muss den

Charme dieser stacheligen Gesellen erst ergründen oder ihm so zufällig begegnen wie ich mit dem ererbten *Echinopsis eyriesii*, der auch lapidar »Bauernkaktus« genannt wird aufgrund seiner Unkompliziertheit in der Pflege. Wobei der Begriff »stachelig wie ein Kaktus« botanisch falsch ist – es handelt sich nicht um Stacheln, sondern um Dornen. Gerade umgekehrt zu den Rosen, die nicht Dornen, sondern Stacheln tragen. Botanik kann ganz schön verwirrend sein!

Spitz sind sie alle, und schmerzen können sie, fängt man sich einen der Dornen ein. Auch wenn es Kakteen gibt, die mit einer Art Flaum überwachsen scheinen, streicheln würde ich die trotzdem nicht unbedingt. Warum bewehren sich Kakteen mit zum Teil tückisch feinen, mit Widerhaken versehenen oder mit zentimeterlangen, ganz offensichtlich kriegerischen Waffen?

Viele dieser Dornen waren in einem anderen Evolutionsstadium einmal Blätter, die sich aufgrund von Umweltbedingungen nach und nach reduzierten, hart und spitz wurden. Das liegt zum einen an den extrem trockenen Standorten, an denen die meisten Kakteen beheimatet sind. Blätter würden da rasch vertrocknen und über die Verdunstung der Pflanze zu viel an Feuchtigkeit entziehen – wobei es durchaus Kakteen mit Blättern gibt, eben dort, wo das mehr Vorteile als Nachteile mit sich bringt. Die Überlebensaufgabe, mit möglichst wenig Niederschlag auszukommen, und das auch über längere Perioden, führte bei vielen Arten zu der typischen kugeligen Gestalt, in der sich beispielsweise der erwähnte »Bauernkaktus« und die großen Exemplare des *Echinocactus grusonii* präsentieren, die gemeinerweise auch »Schwiegermuttersitz« genannt werden. In ihrem Innern hüten sie einen immensen Wasservorrat, geschützt durch eine dicke Epidermis, die zusätzlich bei vielen Sorten noch mit einer Wachsschicht überzogen ist.

Wasserspeicher in Wüstengebieten sind rar, auch andere Bewohner dieser unwirtlichen Landschaften sind auf die Zufuhr von ausreichend Flüssigkeit angewiesen. Ungeschützt würden Kakteen zur begehrten Beute von Tieren, denn außer dem hohen Wassergehalt besitzen sie den einen oder anderen Nährstoffcocktail. Um also nicht ratzfatz aufgefressen oder ausgesaugt zu werden, schützt sich die Pflanze mit Dornen, die häufig noch andere Funktionen erfüllen. Manche Arten hüllen sich gegen die nächtliche oder saisonale Kälte in einen wahren Pelz aus Dornen oder schirmen sich auf dieselbe Weise gegen ein Zuviel an Sonneneinstrahlung ab.

Während Trockenphasen braucht der Kaktus mitunter seine Reserven auf, und wenn er nicht nachtanken kann, schrumpft sein Pflanzenkörper, die Dornen rücken näher aneinander und bilden ein schützendes Luftpolster, das zum einen temperaturregulierend wirken kann, zum anderen eine ungünstige Verdunstung verhindert.

Die Dornen der *Eulychnia*, die in Küstennähe im Süden Perus und im Norden Chiles zu Hause ist, haben noch mehr auf Lager als die reine Schutzfunktion. Sie helfen der Pflanze bei der Gewinnung von Feuchtigkeit. An ihren langen Dornen kondensiert der notorische

Nebel, der sich aufgrund des Temperaturunterschieds zwischen dem warmen Landklima und dem kalten Humboldtstrom bildet, zu Wasser. Sie werden also zu Nebelfängern und sind entsprechend fein ausgebildet. Ganz schön raffiniert, diese Sukkulenten.

»Succus« ist lateinisch und bedeutet »Saft«. Die Familie der Kakteen bildet nur einen winzigen Teil der Gruppe dieser »Saftreichen«, zu der beispielsweise auch die Agavengewächse gehören. Als durststillende Leckerbissen schrecken sie nicht alle Tiere ab, denn die Evolution wirkt auf beiden Seiten, weshalb viele Kakteen auch noch über andere Abwehrmethoden verfügen.

Trotz der zahlreichen wasserhaltigen Pflanzen tut der Mensch gut daran, ausreichend Flüssigkeit mit sich zu führen, wenn er einen Ausflug in die Wüste unternimmt. Denn wer glaubt, man bräuchte nur einen Kaktus zu köpfen und schon könnte man daraus Wasser schlürfen, wird sich wundern. Der hohe Wassergehalt im Innern der Kakteen ist nämlich in einem dickflüssigen Gel gebunden, das man verzehren müsste. Wobei dem Wackelpudding außer Wasser meist auch noch anderes beigemischt ist, und nicht alles davon verträgt Mensch oder Tier. Dass einige Kakteenarten eine psychedelische oder halluzinogene Wirkung haben, war bereits den Ureinwohnern Südamerikas bekannt. Teile der Pflanze wurden, so nimmt man an, in wohldosierten Mengen verzehrt, um die Grenze zwischen der realen und der geistigen Welt zu überschreiten. Für seinen hohen Meskalin-Gehalt wurde vor allem der Peyote-Kaktus, *Lophophora williamsii*, geschätzt. Er trägt fast keine Dornen, denn die braucht er nicht, jedenfalls nicht gegenüber Tieren, die in der Regel keine Lust auf transzendente Erlebnisse verspüren. Auch einige *Echinopsis*-Arten enthalten dieses hochwirksame Alkaloid aus der Stoffgruppe der Phenethylamine. Will man also nicht eine Erfahrung der Bewusstseinserweiterung erleben, mit allen möglichen Risiken und Nebenwirkungen, die einem kein Arzt oder Apotheker voraussagen kann, so sollte man auf den Genuss von Kaktusfleisch lieber verzichten.

Anders verhält es sich mit den Feigenkakteen oder *Opuntien*. Dieser Zweig der Kakteenfamilie ist – mit Ausnahme seiner ziemlich fiesen Dornen – absolut ungefährlich. Statt geheimnisvoller Gifte birgt er eine Menge leckerer Dinge, und das für Tier und Mensch.

Wer beispielsweise auf den Kanaren wandern geht, dem fallen häufig große Bissstellen an den Feigenkakteen auf, die Esel oder Ziegen zu verantworten haben. *Opuntien* bestehen aus vielen, meist oval geformten, scheibenartigen Einzelgliedern und wachsen so von einem Glied zum nächsten in alle Richtungen, können sich zu wahren Bäumen mit entsprechendem Stamm entwickeln oder als Buschwerk ein undurchdringliches Dickicht bilden. Sie stammen wie alle anderen Kakteengewächse ursprünglich vom amerikanischen Kontinent, fast die Hälfte der insgesamt etwa 190 Arten aus Mexiko. Von dort wurden sie in den europäischen Mittelmeerraum eingeführt und sind aus manchen Gegenden wie zum Beispiel der Kanarischen Insel La Palma nicht mehr wegzudenken.

Welchen Stellenwert die *Opuntie* in ihrer Heimat besitzt, wird deutlich, wenn man der Gründungslegende der aztekischen Hauptstadt Tenochtitlán nachgeht. Sie erzählt davon, wie das lange Zeit nomadisch lebende Volk der Azteken nach einem göttlichen Zeichen dafür suchte, an welcher Stelle es sich langfristig niederlassen sollte. Der Kriegs- und Sonnengott Huitzilopochtli soll ihnen geweissagt haben, dass sie diesen Ort an folgendem Zeichen erkennen würden: Auf einem Felsen inmitten eines Sees würde ein Adler auf einem Feigenkaktus sitzen und eine Schlange verschlingen.

Zweihundert lange Jahre hielt das Volk nach diesem Zeichen Ausschau, bis die Nomaden es schließlich auf einer kleinen Insel im Texcoco-See tatsächlich ausmachten. An diesem gut zu verteidigenden Ort ließen sie sich nieder und gründeten eine erstaunliche Stadt, die sie durch schwimmende Gärten – mit fruchtbarem Boden beladene Flöße, auf denen sie Gemüse und Blumen anbauten – erweiterten.

An derselben Stelle befindet sich heute Mexiko-Stadt. Von See und Insel ist nichts mehr zu sehen, inzwischen ist die ursprünglich morastreiche Landschaft trockengelegt und die Millionenstadt weit über sich hinausgewachsen. Doch der Adler mit der Schlange im Schnabel, der auf einem Feigenkaktus sitzt, ziert noch heute das Staatswappen Mexikos. Auch die chilenische Stadt El Quisco trägt übrigens einen Kaktus in ihrem Wappen, einen Säulenkaktus, wie er gerne die Kulisse von Hispano-Western prägt. Wenn auch nicht so eindrücklich wie in Mexiko, so tauchen Kakteen überraschenderweise doch in unzähligen kleineren Wappenbildern auf, wie zum Beispiel in denen mehrerer südamerikanischer Städte oder sogar, zwischen 1975 und 1988, im Wappen von Malta.

Schon in seinem Namen suggeriert der Feigenkaktus, dass man seine Früchte essen kann. Einen herrlichen Anblick bietet die *Opuntie*, wenn sie in Blüte steht, dann säumen Hunderte von kleinen, leuchtend gelben, orangefarbenen oder bordeauxroten Blüten die Kanten ihrer Scheiben. Die Früchte tragen meist dieselbe Farbe. Schafft man es, die feinen, mit Widerhaken besetzten sogenannten Kaktusfeigen unbeschadet aufzuschneiden, dann findet man ein saftiges, ebenso leuchtend gelbes, oranges oder weinrotes Fruchtfleisch, das mit vielen kleinen Kernen durchsetzt ist. Wegen ihres hohen Vitamin-C-Gehalts und der Mineralstoffe Kalium, Kalzium und Magnesium und vielen guten Dingen mehr wurden sie schon von den Azteken geschätzt und genutzt. Zusätzlich enthalten die Kaktusfeigen auch die essenzielle Aminosäure Prolin, die Bindegewebe und Knorpel schützt. Die kräftigen Farbstoffe der Früchte wirken außerdem als Antioxidans.

Aber nicht nur die Früchte, schon die jungen Triebe der Kaktusfeige werden in Südamerika und vor allem in Mexiko geerntet. Als »Nopales« werden die Leckerbissen in Streifen geschnitten und wie Gemüse eingelegt oder als Salat gegessen und schmecken dann ein wenig wie grüne Bohnen. Übrigens gibt es in Erfurt die angeblich älteste Kakteenzucht der Welt, wo man einmal im Jahr die Gelegenheit hat, ein Kakteendinner zu buchen.

Opuntien werden heutzutage in Südamerika massenhaft als nahrhaftes Viehfutter eingesetzt. Ihr einziger Schutz, die mit Widerhaken besetzten Dornen, machen Rindern, Eseln und Pferden offenbar nichts aus.

Was verbindet Künstlerfarben mit Kakteen? Tatsächlich wird die *Opuntie* häufig von zahlreichen kleinen Parasiten überfallen und oft schwer geschädigt, nämlich von den Cochenille-Schildläusen. Erkennbar sind sie durch eine weißlich graue Schicht auf den Gliedern ihrer Wirtspflanze. Die Weibchen dieser Läuse bergen den roten Farbstoff »Karmin«. Wenn man diese Läuse von der Pflanze schabt, trocknen lässt und dann einem komplizierten Vorgang unterzieht, erhält man eine faszinierende, sehr kräftige Farbe.

Alte Textilreste lassen darauf schließen, dass bereits lange Zeit vor der Eroberung des Kontinents die Färbequalitäten der weiblichen Schildläuse bekannt waren, sie sogar größer gezüchtet wurden, um einen höheren Ertrag zu erhalten, weil der leuchtend rote Farbstoff unter den indigenen Völkern Südamerikas so begehrt war.

Vermutlich reisten die Parasiten auf dem Rücken ihrer Wirte mit nach Europa, wo sie ebenfalls zur Farbgewinnung genutzt wurden – oder sollte man besser sagen: missbraucht? Karmin wurde zur Farbe der Reichen und Mächtigen, auch Kardinäle wählten dieses Rot für ihre Gewänder.

Kakteen auf dem eigenen Fensterbrett zum Blühen zu bringen, das ist das ehrgeizige Ziel vieler Liebhaber. In entsprechenden Internetforen wimmelt es von Fragen und Tipps, geklagtem Leid und wohlmeinendem Trost. Denn es ist immer wieder ein ergreifendes Erlebnis, aus dem geheimnisvollen Innern dieser Pflanzen mit dem abweisenden Äußeren die Manifestation größtmöglicher Zartheit zu beobachten. Es fordert uns geradezu dazu auf, das Ganze als Metapher zu nehmen, als wolle uns die Natur vorführen, dass in den schroffsten Wesen ein zarter, bezaubernder Kern steckt, der nur darauf wartet, sich zu zeigen. So wie die »Kaktusblüte« in der gleichnamigen Filmkomödie von Gene Saks mit Walter Matthau, Ingrid Bergman und Goldie Hawn, die für diese Rolle sogar den Oscar erhielt. Ingrid Bergman spielt eine in ihren Chef verliebte Zahnarzthelferin, die sich ziemlich »stachelig« verhält und schließlich doch »aufblüht« und ihr wahres, bezauberndes Wesen zeigt.

Ein beeindruckendes Wesen ist auch der *Saguaro*. Der Kaktus des Jahres 2017. *Carnegiea gigantea*, wie er botanisch korrekt heißt, wächst in Arizona, in Kalifornien und im mexikanischen Bundesstaat Sonora, und immer prägt er die Landschaft mit seinen riesigen Säulen, die sich im Alter kandelaberartig verzweigen. Im Mai und im Juni blühen diese Prachtkerle, und zwar nur rund 18 Stunden lang – von zwei Stunden nach Sonnenuntergang bis zum nächsten Mittag. In dieser Zeit geht es rund um den Kaktus ziemlich geschäftig zu, denn zur Bestäubung kommen, angelockt durch die weiße Farbe der Blüte und ihren Duft, nicht nur zahlreiche Insekten wie nachtaktive Schwärmer, sondern auch die Blütenfledermaus *Leptonycteris curasoae*. Bricht der Morgen an, schauen Vögel hier zum Frühstück vorbei, etwa die

Weißflügeltaube, verschiedene Kolibri-Arten, der Karmingimpel, die Beutelmeise und einige Specht-Arten.

Da es in diesen Wüstenlandschaften kaum Bäume gibt, bauen die Spechte häufig ihre Bruthöhlen in den älteren Stämmen. Greifvögel benutzen sie als Ansitze und bauen manchmal sogar ihre Nester auf diesen riesigen Kakteen.

In der Wüste ticken die Uhren anders, alles braucht hier seine Zeit. Überlebt der *Saguaro* seine Kindheit und wird nicht von amerikanischen Buschratten, Dickhornschafen oder Eselhasen aufgefressen, dann wächst er in seiner ersten Dekade je nach den äußeren Umständen vier Zentimeter pro Jahr. Hat er nach circa hundert Jahren eine Größe von zwei bis acht Metern erreicht, wächst er mit zehn bis fünfzehn Zentimetern pro Jahr etwas schneller, danach geht er es wieder geruhsamer an. Die im Osten des Saguaro-Nationalparks lebenden 16 Meter hohen Exemplare sind demnach rund 220 Jahre alt.

Dieses Alter ist beeindruckend, wird aber von einer anderen Kakteenart noch übertroffen, und zwar auf der Isla Incahuasi, was übersetzt »Haus des Inka« bedeutet, einer rund 25 Hektar großen felsigen Erhebung vulkanischen Ursprungs im größten Salzsee der Welt, dem Salar de Uyuni im bolivianischen Hochland. Die Insel ist die Heimat einer Population uralter Säulenkakteen der Art *Echinopsis atacamensis.*

Der See, das Überbleibsel eines Urozeans, ist ausgetrocknet und hinterließ eine meterdicke Schicht aus Salz, man kann ihn also mit dem Wagen überqueren und trockenen Fußes auf die Insel gelangen, über eine riesige topfebene, absolut weiße Fläche, die schon auf den Fotos – leider war ich noch nie selbst dort – eine unwirkliche, endzeitliche Atmosphäre ausstrahlt.

Und dann erst die Insel. Hunderttausend Jahre alte Korallen wurden auf ihr gefunden aus der Zeit, als sie nichts weiter war als eine Erhebung auf dem Grund eines unermesslichen Ozeans. Heute stehen hier baumdicke Kakteen in Gruppen beisammen, scheinen miteinander stumme Zwiesprache zu halten und recken sich in bis zu zwanzig Meter Höhe. Die ältesten Exemplare sind über tausend Jahre alt. Man stelle sich nur vor, was auf der Erde während dieser Spanne an Lebenszeit alles geschah.

Wie alt mein geerbter Bauernkaktus gewesen ist, ehe er einging, weiß ich nicht. Inzwischen hat mir – Zufall oder Fügung – die Patentante meines Mannes ein recht ähnliches Exemplar anvertraut, dem es nun besser ergeht als seinem unglücklichen Vorgänger. Er steht im Winter kühl und hell und bekommt keinen Tropfen Wasser, während er im Sommer auf die sonnige Terrasse hinausdarf. Er wirkt zufrieden und glücklich, blüht mehrmals im Sommer, und einmal öffnete er sogar sieben seiner beeindruckenden Blütentrompeten gleichzeitig.

»Ein kleiner grüner Kaktus / steht draußen am Balkon«, sangen die Comedian Harmonists. »Was brauch ich rote Rosen / was brauch ich roten Mohn …«

Doch genau mit dem wollen wir unsere kleine Reise durch die Welt der Blüten fortsetzen.

Der Mohn

Schlafbringende Schönheit

Vielleicht war sie die erste Blüte, die ich bewusst wahrgenommen habe, gemeinsam mit der Kornblume. Blau und signalrot leuchtete es aus den Kornfeldern neben meinem Elternhaus, den Bauern ein Ärgernis, mir eine Freude. Wenn die Sträuße, die ich aus den zarten, immer ein bisschen zerknittert wirkenden Blumen zupfte, nicht lange hielten, war es eine Enttäuschung. Der Klatschmohn wollte auf dem Feld bleiben.

Dass die blauschwarzen Krümel auf den Semmeln etwas mit meiner Kinderlieblingsblume gemein hatten, begriff ich erst Jahre später. Meinem Vater zuliebe, der aus Polen stammte, backte meine Mutter zu Weihnachten nach einem Rezept seiner Tante einen unfassbar leckeren Mohnstollen. Neuerdings gehören Mohnsamen zum sogenannten »Superfood«, denn sie weisen eine besonders günstige Zusammensetzung an Fettsäuren auf und bieten außerdem einen hohen Gehalt an Aminosäuren, Eisen, Kalzium, Kalium und Magnesium, Kupfer und Zink sowie das wichtige Vitamin B1. All das trägt zur Gesundheit bei, stärkt das Herz, das Hirn und die Muskeln. Der Mohnsamen enthält darüber hinaus mehr als 20 Prozent Eiweiß und bis zu 50 Prozent Linolsäure-haltiges Öl. Großtante Annas Mohnstollen war also nicht nur lecker, sondern auch gesund.

Der Mohnsamen, der in der Bäckerei verwendet wird, stammt übrigens nicht vom Klatschmohn, sondern von seiner berüchtigten Schwester, dem Schlafmohn. Eine Züchtungsgeschichte, die vor vielen Tausenden von Jahren begann, als die Menschen die beruhigende und schmerzlindernde Gabe dieser Pflanze entdeckten, hat zu der Teilung geführt und die medizinischen Eigenschaften, die latent in der Wildform steckten, beim Schlafmohn verstärkt. Denn ritzt man seine unreifen Samenkapseln an, tritt ein weißer, klebriger Saft aus – Opium in seiner Rohform.

Die Blüte des Schlafmohns ist spektakulär in jeder Hinsicht. Eine dicke Knospe entfaltet nach und nach zartlila bis weiße Blütenblätter mit zum Inneren hin purpurfarbenen Flecken, aber die Pflanze kann auch in dunkelvioletten, fast schwarzen Blüten erscheinen. Es gibt sie gefüllt und ungefüllt, mit gezackten Blütenblättern und gerundeten, mehr oder weniger plissierten Kranzblättern und glatten. Fast ebenso faszinierend wie die Blüten sind die Samenkapseln, rund oder oval, stehen sie wie Rasseln auf ihrem Stiel und sind mit einer Art Krönchen versehen. Direkt darunter weisen sie ringförmig angeordnete Poren auf, die wie Salzstreuer wirken und, wenn der Wind ordentlich an den Kapseln rüttelt, Unmengen winziger Samen entlassen.

Nun ist es nicht so, dass man in seinem eigenen Garten einfach ein Beet mit Schlafmohn anlegen darf. Für den Anbau besteht eine Genehmigungspflicht der Bundesopiumstelle. Ansehen kann man die bezaubernde Blüte des Schlafmohns allerdings beispielsweise am Hohen Meißner in der Nähe von Kassel. Hier hat der Besitzer des Meißnerhofs in Germerode – mit entsprechender Genehmigung – Mohnfelder angelegt. Ab dem Monat Mai stehen die Chancen gut, ein wogendes Meer jener rosaroten bis violetten Blüten dort anzutreffen, die schon seit so langer Zeit die Menschen begleiten.

Es gibt Hinweise auf einen systematischen Mohnanbau bereits in der Jungsteinzeit, und zwar vermutlich nicht wegen der Schönheit der Pflanze. Ausgangspflanze für die Züchtung mit dem Ziel, eine möglichst große Samenkapsel zu gewinnen, war der etwas kleinere, violettfarbene *Papaver setigerum* oder »Borstenmohn«. Auch er enthält Opiate, jedoch nur in geringen Mengen. In Pfahlbausiedlungen an den Seen des Schweizer Jura, die 4000 Jahre vor unserer Zeitrechnung entstanden, ebenso wie in jenen am Bodensee, fand man neben Getreidekörnern und Erbsen jede Menge Mohnsamen. Desgleichen wurden in der sogenannten »Fledermaushöhle« von Albanol in der Nähe von Granada Überreste von prähistorischen Einlagerungen gefunden. Dass die Pflanze als Nahrungsmittel sowie zu medizinischen Zwecken eingesetzt wurde, beweisen Grabbeigaben und Mohnsamen in Vorratsgefäßen. Ungefähr zur selben Zeit drückte im Vorderen Orient ein der Medizin kundiger Mensch mit seinem Schreibgriffel die Anleitung zur Anwendung des Saftes als beruhigende und schlafbringende Arznei in Keilschrift in eine noch weiche Tonplatte und warnte gleichzeitig vor schädlichen Folgen bei Missbrauch der Droge. Der getrocknete Saft aus den unreifen Samenkapseln scheint also schon seit Urzeiten eine wichtige Rolle bei Krankheiten und bei der Begleitung von Sterbenden gespielt zu haben. Das Wissen darum taucht in allen Kulturen auf.

Man vermutet, dass sich Zypern rund 3000 Jahre vor Christus zum Zentrum des Handels mit den verschiedenen Produkten der Mohnpflanze entwickelt hatte. Wie entsprechende archäologische Funde nahelegen, wurde der Mohn bevorzugt als Rauschmittel geraucht und in Mixturen getrunken. So bezogen beispielsweise die Ägypter den Schlafmohn aus Zypern, bauten ihn aber schließlich im eigenen Land an und nutzten Opium für ihre kultischen Handlungen. Ausgeliefert und aufbewahrt wurde es in eigens dafür in Zypern hergestellten Gefäßen, sogenannten Bilbilkrügen, die elegant der Gestalt der Mohnkapsel auf ihrem Stiel nachempfunden waren. 1995 erhielt die Antikensammlung von Würzburg die Schenkung einer altägyptischen Sammlung, darunter einige dieser zierlichen Tonkrüge. Sieben Jahre später identifizierte der Virologe Klaus Koschel einen klebrigen Bodensatz in einem der nur 13 Zentimeter hohen Bilbilkrüge als Reste von Opium. Es ist der mit Abstand älteste Opiumfund der Geschichte.

Im antiken Griechenland hatte der Schlafmohn einen solchen Stellenwert, dass seine Herkunft mit einem Mythos der Götterwelt in Verbindung gebracht wurde.

Die Pflanze, so hieß es, sei aus den Tränen der Aphrodite erwachsen. Die Mohnkapsel wurde zum Symbol für gleich vier wichtige olympische Götter: für Hypnos, den Gott des Schlafes, für Morpheus, den Gott des Traumes, für Nyx, die Göttin der Nacht, und für den Totengott Thanatos.

Die wohltuende medizinische Wirkung des Mohnsafts war also weitgehend bekannt und wurde gezielt eingesetzt. Wieder begegnen wir Theophrastos von Eresos, der schon der Familie der Orchideen ihren Namen gab. Das Verfahren zur Gewinnung von Rohopium beschrieb er ausführlich. Auch Pedanios Dioskurides erwähnte den Schlafmohn detailliert in seiner Arzneimittelkunde, die über Jahrhunderte hinweg immer wieder kopiert und ergänzt und zuletzt 1610 gedruckt wurde.

Die Römer wiederum trieben den Genuss des Opiums auch außerhalb der Medizin in ungeahnte Höhen. Kaiser Nero ließ seine eigene Stadt im Drogenrausch in Flammen legen. Sein persönliches Spezialrezept des Theriak, das griechische Ärzte aus verschiedenen Kräutersamen wie Anis, Fenchel und Kümmel als Gegengift für Schlangenbisse zusammenbrauten, enthielt zusätzlich noch so abschreckende Zutaten wie Vipernblut und natürlich Opium. Mark Aurel soll laut Aussage seines Leibarztes Opium pur konsumiert haben, und zwar täglich ein Stück von der Größe eines Bohnenkerns.

Es heißt, dass es im Rom des Jahres 312 vor Christus bereits rund 800 Opium-Apotheken gab. Hier hatten chronisch Kranke, Schwerverletzte, Sterbende und auch Süchtige die Gelegenheit, sich zu versorgen, vorausgesetzt, sie konnten es sich leisten. Ovid nannte Opium den »Saft des Vergessens«. Und viele Historiker sind sich darüber einig, dass es der ausufernde Missbrauch dieser Droge war, der letztendlich zum Zerfall des Römischen Reiches führte.

Wie alles, was die Natur uns schenkt, hat auch die Gabe des Schlafmohns viele Seiten. Für die Heilkunst war sie ein Segen, sinnvoll eingesetzt hat sie dem Menschen große Erleichterung gebracht. Bis heute finden Opium und seine isolierten Inhaltsstoffe wichtige Verwendung in der Medizin. Opioide werden häufig als Narkosemittel verwendet. Dem Inhaltsstoff Morphin mit seiner schmerzstillenden Wirkung kommt dabei besondere Bedeutung zu. In den Händen von Ärzten mit Verstand und Verantwortungsgefühl ist es noch immer ein Geschenk des Himmels.

Nach dem Zusammenbruch des Römischen Reichs geriet die Wirkung des Mohnsafts für lange Zeit in Vergessenheit, vor allem durch strenge Verbote vonseiten der christlichen Kirche. Erst im ausgehenden Mittelalter wurde altes Wissen aus dem Orient zusammen mit vielen anderen Kenntnissen reimportiert und auch wieder, zum Beispiel von Paracelsus, genutzt. Doch erst als Friedrich Wilhelm Sertürner um 1804 das Morphin als den wirksamsten Inhaltsstoff aus dem Mohnsaft isolierte, wurde es möglich, die Droge exakt zu dosieren. In der Folge gelang es, weitere medizinisch wichtige Alkaloide – wie zum Beispiel das husten- und schmerzstillende Codein, das ebenfalls hustenstillende Narcotin und das krampflösende Papaverin – zu identifizieren und ihre chemische Struktur aufzuschlüsseln. Diese Erkenntnisse ermöglichten es, nach Vorbild der Opiumalkaloide eine große Bandbreite an synthetischen Arzneistoffen zu entwickeln, deren therapeutischer Vorteil darin liegt, dass sie spezifischer auf einzelne Krankheitsbilder einwirken.

Wo Licht ist, findet sich auch Schatten. Was bei der Behandlung von Kranken einen wahren Segen bedeutete, kann, wird es missbraucht, ebenso großen Schaden anrichten. Vor allem, wenn Machthunger oder Geldgier im Spiel sind. So wurden um Opium Kriege geführt – offiziell und bis heute inoffiziell. Außerdem wird der illegale Handel mit der Droge zur Finanzierung von Kriegen benutzt. Denn aus Opium kann das Derivat Heroin hergestellt werden.

Eine Pflanze mit vielen Gesichtern: Schön anzusehen, Lieferantin eines wertvollen Nahrungsmittels, Trägerin einer der mächtigsten medizinischen und suchtgefährlichen Drogen, das alles vereint der Mohn in seiner Gestalt als *Papaver somniferum*.

Eine Frage taucht übrigens immer wieder auf und ängstigt Eltern von kleineren Kindern. Wenn der Kapselsaft derartig »aufgeladen« ist, wie verhält es sich dann mit den auf Gebäckstücken ausgestreuten Mohnsamen? Riskieren wir es, zum Frühstück high zu werden oder später bei der Arbeit gar einzuschlafen? Werden wir süchtig nach diesen blauschwarzen Krümeln und irgendwann einmal bereit dazu sein, für ein Mohnbrötchen ein Verbrechen zu begehen?

Die Antwort lautet: nein. Jedenfalls solange wir es mit dem Konsum von Mohnsamen nicht übertreiben. Denn eine Spur der Alkaloide mit berauschender Wirkung enthalten die Samen tatsächlich, doch in so geringen Mengen, dass man sich keine Sorgen machen muss. Das Bundesamt für Risikobewertung teilt mit, dass eine Aufnahmemenge von bis zu 50 Gramm Mohnsamen täglich unschädlich sei. Da auf einem Brötchen gerade mal zwei bis vier Gramm kleben, kann man Entwarnung geben, zumal durch die Erhitzung beim Backen der Morphingehalt noch gesenkt wird. Allerdings sollte man einen leckeren polnischen Mohnstreuselkuchen mit schöner dicker Füllung nicht kiloweise in sich hineinstopfen. Zwar bleibt ein Drogenrausch auch dann unwahrscheinlich bis ausgeschlossen, doch könnte der Mohnstrudel einem aus anderen Gründen schlecht bekommen. Man sollte auch wissen: Für Säuglinge und Kleinkinder ist unverarbeiteter Mohnsamen ungeeignet.

Doch kehren wir zurück in unseren Garten. Der Schlafmohn ist schließlich nur eines, wenn auch ein besonders gewichtiges der Papavergewächse. Die Bezeichnung Mohn geht übrigens auf das altgermanische Wort »magan« zurück, das zum einen die Pflanze bezeichnet, zum anderen aber auch »Magen« bedeutet und darüber hinaus Ähnlichkeit mit dem Wortstamm für »junges Mädchen, Jungfrau« aufweist. Die Blüte, könnte man sagen, erinnert an tanzende junge Mädchen, und der Samen füllt den Magen.

Glücklicherweise haben sich die Züchter der Vergangenheit nicht nur mit der größtmöglichen Ausbeute des Schlafsaftes beschäftigt, sondern auch mit der Varietät und Anmut ihrer Blüten. Da ist die Gruppe des »Türken-Mohns«, der sich durch seine starken großen Blüten auf kräftigen hohen Stielen auszeichnet. Vor rund 400 Jahren soll die erste Pflanze dieser Gattung aus der Osttürkei nach Paris gelangt sein, vermutlich war es eine leuchtend rote. Heute haben wir schönste Sorten von weißem, lachsfarbenem, violettem Türken-Mohn in vielen Varianten.

Es ist jedes Mal ein richtiges Spektakel, wenn eine solche Knospe sich entfaltet. Zwischen zwei behaarten Kelchblättern entwickelt sich im Verborgenen die Blüte. Wenn sich diese schützende Hülle öffnet und die Kelchblätter abfallen, richten sich nach und nach die zunächst ein wenig zerknittert wirkenden Kronblätter auf und machen sich für den Empfang von bestäubenden Insekten bereit. Herrliche Lichtspiele bringen die hauchdünnen Blütenblätter zum Leuchten, der Wind wiegt die prächtigen Blumen sanft hin und her.

Nicht nur uns Menschen, auch zahlreichen Tieren bietet die Mohnblüte Nahrung, liefert doch eine einzige Blüte mehr als zweieinhalb Millionen Pollenkörner, die für Insekten einen hohen Nährwert darstellen. Ganz besonders beliebt sind diese Leckerbissen bei Hummeln, die oft schon in den frühen Morgenstunden vor der »Frühstücksbar« warten, bis sich endlich die Blütenblätter öffnen. Einmal drinnen, lassen sie ihre Flügelmuskeln erzittern, um dadurch möglichst viel von den leckeren Pollen herauszuschütteln. Dieses »Buzzing« genannte Phänomen kann man leicht mit aggressivem

Summen verwechseln, dabei ist es nur eine raffinierte Methode, um sich den Frühstückstisch ganz besonders reichlich zu decken. Gegen zehn Uhr morgens rücken die Pollensäcke am meisten von ihren Schätzen heraus, deshalb geht es um diese Zeit im Blumenbeet auch am geschäftigsten zu.

Es gibt einjährigen Mohn und auch Stauden mit längerer Lebensdauer. Im 19. Jahrhundert erreichten weitere Staudenmohn-Arten Europa. Im Jahr 1818 brachte ein Gärtner des Botanischen Gartens von St. Petersburg den Armenischen *Papaver bracteatum*, auch Arznei-Mohn genannt, als Gastgeschenk mit in den Westen.

Dieser hat eine völlig andere Anmutung als seine Schwestern. Er blüht verschwenderisch in einem leuchtenden Orange, ist viel zarter und zierlicher, seine Blätter sind graugrün. Interessanterweise gibt es ihn ungefüllt und gefüllt, und wenn man regelmäßig die verwelkten Köpfe abschneidet, blüht er vom Frühjahr bis tief in den Herbst hinein. Der recht ähnliche Behaarte Mohn, *Papaver pilosum*, wird aufgrund seiner Kälteresistenz gern in Steingärten eingesetzt, er stammt aus Gebirgsregionen der Türkei. Ein weiterer Bergbewohner ist der Atlas-Mohn, *Papaver atlanticum*, auch Marokkanischer Mohn genannt, eine krautige Pflanze, die 15 bis 60 Zentimeter groß werden kann. Auch er blüht leuchtend orange und unterscheidet sich von den meisten anderen Sorten durch seine umgekehrt eiförmigen Kronblätter, was ihm eine völlig andere Erscheinung verleiht. Der mehrjährige Spanische Mohn, *Papaver rupifragum*, ähnelt sehr dem Klatschmohn und blüht von Mai bis September in leuchtendem Karminrot bis hin zu Orange.

Bislang haben wir Mohnblüten in allen Farben zwischen Gelb, Rot bis Violett und sogar Weiß kennengelernt. Doch es gibt auch eine Sorte, die leuchtend azurblau daherkommt, der sogenannte Scheinmohn, *Meconopsis*. Er gehört trotz seines abweichenden Namens zu den Mohngewächsen, wenn auch nicht zu den Papaver-Arten, und stammt ursprünglich aus dem Himalaja.

Der Anblick von Mohnblüten stimmt uns fröhlich, vermutlich ist dies der Grund dafür, dass es abgesehen von der Rose kaum eine Blüte gibt, die so gern fotografiert und millionenfach abgebildet wird. Sei es auf Bettwäsche, auf Frühstücksgeschirr, Servietten oder Tischtüchern, auf Postkarten, Kunstdrucken, Tapeten – achtet man einmal darauf, begegnet einem der Mohn überall. Ich nehme an, es sind die Leichtigkeit und die Leuchtkraft der Farben, die Assoziationen von Lebensfreude und Sorglosigkeit wecken. So wie er mich als Kind schon in Begeisterung versetzte. Vielleicht geht es der Mohnbiene ebenso, die heute leider nur noch sehr selten vorkommt. Sie hat die Angewohnheit, nach der Paarung Mulden und Hohlräume in sandigen Böden für ihre Brut anzulegen. Diese Kammern kleidet die Mohnbiene mit kleinen Stücken von Blütenblättern aus, und zwar am liebsten mit denen des Klatschmohns. Sie fliegt die Blüte an, schneidet Stücke aus den Kronblättern und tapeziert damit rundherum ihre Brutkammer. Kann sie keinen Mohn finden, begnügt sie sich auch mit einer Tapete aus Malven oder Kornblumen. Warum sie das tut, konnte ich nicht ermitteln. Vermutlich ist sie einfach die Ästhetin unter den Bienen.

Mohn ist eine Pionierpflanze, das heißt, wenn irgendwo ein Graben ausgehoben oder Erde aufgeschüttet wird, ist sie bei der Neubesiedelung ganz vorn mit dabei. Das gilt auch für Grabhügel, die niemand pflegt, und deswegen wurde sie in England während des Ersten Weltkriegs zum Symbol des Todes und der Erinnerung an die gefallenen Soldaten. Noch heute steckt man sich dort im November zum Gedenken der Gefallenen eine stilisierte, leuchtend rote Mohnblüte als »Remembrance Poppy« ans Revers. Und weil Mohnsamen bis zu hundert Jahre lang ihre Keimfähigkeit bewahren können, gesellt sich der Pflanze symbolisch auch noch der Aspekt der Hoffnung und der Auferstehung hinzu.

Die Kamelie

Rose des Winters

Sie galt als eine der schönsten und begehrtesten Frauen ihrer Zeit. Ihr Markenzeichen war die Kamelie, die sie stets am Kleid oder in ihrem Haar trug. An fünfundzwanzig Tagen im Monat war es eine weiße, an den restlichen fünf, wenn sie ihre Periode hatte, eine rote Blüte. Ihr Name war Marie Duplessis, doch bekannt wurde sie als »Kameliendame«.

Alexandre Dumas der Jüngere setzte der blutjungen Kurtisane, die bereits im Alter von 23 Jahren an Tuberkulose starb, in seinem gleichnamigen Roman ein Denkmal. *Die Kameliendame* wurde so erfolgreich, dass der Autor auch eine Bühnenfassung der Geschichte verfasste, in der die legendäre Schauspielerin Sarah Bernhardt die Rolle ihres Lebens fand. Und der Komponist Giuseppe Verdi vertonte das Stück, das unter dem Titel »La Traviata« bis heute regelmäßig auf den Spielplänen der Opernhäuser steht. Die Geschichte der Edelprostituierten, die die wahre Liebe findet und ihrem alten Leben entsagen möchte, doch von der Familie ihres

Geliebten daran gehindert wird, bewegt noch immer Herzen und Gemüter. Ihr Sinnbild wurde die Kamelienblüte, die so rein, so zerbrechlich und überirdisch schön auftritt, und dies gegen die »Norm« der Pflanzenwelt mitten in der kalten Jahreszeit.

Denn die Kamelie ist eine der wenigen Pflanzen, die im Winter blühen. Da ist die Christrose, der Zaubernuss-Strauch, der Winterschneeball – doch keine dieser Pflanzen bietet so prächtige Blüten wie die Kamelie. Sie gedeiht am besten im gemäßigten Klima, an den Küsten der Bretagne, der Normandie, von Cornwall, Portugal und auf Madeira zum Beispiel. In Deutschland ist sie immer noch relativ wenig verbreitet, und das aus gutem Grund. Die meisten Sorten vertragen keinen Frost. Um sie im Haus überwintern lassen zu können, braucht man einen hellen Raum von maximal zehn Grad, eher kühler.

Die Kamelie stammt ursprünglich aus den Wäldern der milden Küsten Chinas. Deshalb liebt sie eine hohe Luftfeuchtigkeit und mäßige Temperaturen, einen halbschattigen Standort und gut durchnässte saure Böden.

Dennoch muss man die Hoffnung nicht aufgeben, hat man sich einmal in diese bezaubernden Pflanzen verliebt. Inzwischen gibt es ausreichend winterhart gezüchtete Sorten, und selbst in dem Schwarzwaldstädtchen, in dem ich lebe, gedeihen in mehreren Gärten die schönsten Exemplare. Für mich ist es jedes Mal ergreifend, wenn sich in der düsteren Jahreszeit oder selbst unter einer Schneedecke die zarte Pracht der Kamelien entfaltet.

Die Kameliendame konnte also nur von etwa November bis April ihren Blumenschmuck tragen, in diesen sechs Monaten wechseln sich verschiedene Sorten mit ihrer Blütezeit ab, doch dieses Winterhalbjahr entsprach auch tatsächlich der Pariser Gesellschaftssaison. Spätestens im Mai suchte man das Weite, um den Sommer auf dem Land zu verbringen. Wohl dem, der sich das leisten konnte, denn in der Wärme wurde das Leben in Paris vielen Zeitzeugen zufolge schier unerträglich.

Die Kamelien kamen, wie so manches, per Zufall nach Europa. Sie gehören zur selben Familie wie der Teestrauch, *Camellia sinensis*, ein immergrüner Strauch mit ledrigen Blättern, von dem die jungen Triebe in China schon seit Jahrtausenden geerntet und zu Tee verarbeitet wurden. Auch in Europa war das Getränk begehrt und seit der Entdeckung des Seewegs nach Indien und weiter nach China im 16. Jahrhundert auch erhältlich, allerdings kostete 1666 in London ein Pfund Tee sechzig Schilling, so viel verdiente ein Arbeiter durchschnittlich pro Jahr. Ein Grund für den hohen Preis war verständlicherweise der damals viele Monate in Anspruch nehmende Transportweg, doch noch schwerer wog das Handelsmonopol, das die Chinesen auf das begehrte Produkt erhoben.

Umso mehr versuchte man, den Teestrauch nach Europa zu schmuggeln, und bei einer dieser Sendungen soll in Portugal eines Tages versehentlich eine Pflanze angekommen sein, die zwar nicht zum Teeaufbrühen taugte, dafür zauberhafte Blüten trieb, die viel größer und auffälliger waren als die winzigen weißen des Teestrauchs. Es handelte sich um die rot blühende, ansonsten dem Teestrauch sehr ähnliche Art *Camellia japonica*, die, wie der Name sagt, aus Japan stammt. Sie wurde zur Urmutter der wichtigsten Gartenkamelien.

Viele schillernde Legenden ranken sich um die Ankunft der ersten Kamelien in Europa. Eine erzählt, dass clevere chinesische Händler den Portugiesen absichtlich diese japanische Variante andrehten, die zwar hübsch anzusehen war, aber nicht zur Teeproduktion taugte. Wie alles Exotische wurde die »Chinarose«, wie man sie damals nannte, bevor Linné ihr ihren Namen gab, rasch als Rarität gehandelt. Wir hatten bereits bei den Orchideen gesehen, wie stark der Sammeltrieb besonders englischer Adeliger im 17. und 18. Jahrhundert mitunter ausgeprägt war, und wundern uns nicht darüber, dass auch die Kamelie zum Objekt der Begierde wurde, gejagt, geschmuggelt, geraubt und geplündert. Und leider auch, in den meisten Fällen, aus Unwissenheit zu Tode gepflegt.

Geschichte ist nicht, wie ich in der Schule noch glaubte, ein übersichtlicher Strang von der Vergangenheit in unsere Gegenwart, sondern ein unentwirrbares Knäuel parallel verlaufender Ereignisse, aus dem die Historiker recht willkürlich die Fäden herausziehen, die ihnen am wichtigsten erscheinen. Tatsache ist, dass die Kamelie auf vielen verschiedenen Wegen nach Europa gelangte, auch wenn die damalige Welt, was den Handel anbelangte, noch voller Hindernisse war.

Denn die Aktivitäten der portugiesischen und spanischen Händler und vor allem der Missionare, die von den Japanern als »Südbarbaren« bezeichnet wurden, sorgten schließlich dafür, dass die japanischen Machthaber ihr Inselreich 1639 von der Außenwelt komplett isolierten. Fast 250 Jahre lang galt *Sakoku*: »Landesabschließung«. Kein Ausländer durfte das Land betreten und kein Einheimischer es verlassen. Japanern, die länger als fünf Jahre fern der Heimat gelebt hatten, wurde die Rückkehr in ihr Land ebenfalls verwehrt. Man wünschte keine Christianisierung und befürchtete die Plünderung der heimischen Kulturgüter durch die gierigen Händler. Eine Ausnahme wurde allerdings für die Niederländische Ostindien-Kompanie gemacht, sie blieb einziger europäischer Handelspartner.

Ein solches Total-Embargo hatte natürlich auch erhebliche Nachteile für die japanische Wirtschaft. Das Ausbleiben der portugiesischen Schiffe brachte der Hafenstadt Nagasaki fast den Ruin. Um dem entgegenzuwirken, wurde die Niederländische Ostindien-Kompanie gezwungen, ihren Standort auf die künstlich errichtete Insel Dejima im Hafen von Nagasaki zu verlegen. Hatte die Handelsgesellschaft an ihrem alten Sitz das Vertrauen des Fürsten Matsura genossen und deswegen weitgehend frei agieren können, so unterlag sie nun der absoluten Regierungskontrolle.

Man stelle sich das einmal vor, ein Land, das sich vollständig abschottet, und nur eine kleine, künstlich geschaffene Insel fungiert als seine Schnittstelle zum Rest der Welt. Hier dürfen vorab genehmigte Schiffe anlanden. Und bei seltenen, zeremoniellen Gelegenheiten ist es einzelnen Vertretern der Handelsgesellschaft nach einem bürokratischen Aufwand erlaubt, das Land zu be treten. Doch wie überall, wo strenge Verbote herrschen, fanden sich Wege, diese zu umgehen. Dinge gelangten ins Land hinein und andere hinaus – zum Beispiel immer mal wieder ein Exemplar der »Chinesischen Rose«.

1682 übernahm der in Kassel geborene Botaniker, Kaufmann und Mediziner Andreas Cleyer den hochbegehrten Leitungsposten der Niederländischen Ostindien-Kompanie. Diese Position war grundsätzlich auf ein Jahr begrenzt, und dieses Jahr nutzte der Botaniker gemeinsam mit seinem Gärtner Georg Meister, den er zuvor schon mit der Aufsicht über seinen Arzneimittelgarten in Batavia betraut hatte, um die japanische Flora bestmöglich zu erforschen. So entstanden die ersten ernsthafteren Studien zur Pflanzenwelt Japans. In seiner Beschreibung der Kamelie von 1692 erwähnt Georg Meister auch die traditionelle Verwendung des Kamelienöls, das aus den Samen gewonnen wird, als Schönheitsmittel für Haut und Haar.

Den Namen *Camellia* erhielt die Chinesische Rose allerdings erst, wie schon erwähnt, von dem Vater der Pflanzensystematik, Carl von Linné. Als Namenspate wählte er ziemlich willkürlich den Jesuitenmissionar und Apotheker Georg Joseph Kamel, der lange in Manila wirkte und neben der Verbreitung des Glaubens botanische Studien betrieb. Mit der Entdeckung der Kamelie hatte Kamel allerdings rein gar nichts zu tun, vermutlich hat er zeit seines Lebens nicht ein einziges Exemplar zu Gesicht bekommen, sondern sollte von Linné lediglich für seine Verdienste auf dem Gebiet der Botanik geehrt werden.

Der Kamelie haftet seit jeher etwas Geheimnisvolles an, vielleicht weil sie mitten im Winter blüht und unsterblich zu sein scheint. Denn Kamelien können sehr alt werden, noch heute findet man in Portugal und auf der Insel Madeira prächtige Kamelienbäume mit beeindruckenden Stämmen und riesigen Kronen, die nach neueren Forschungen um die 200 Jahre alt sind. Unter einem solchen Blütendach zu stehen bedeutet ein besonderes Erlebnis – ich werde nie die Begegnung mit einem dieser gigantischen Exemplare in einem kleinen Weiler auf Madeira vergessen. Zwischen dunklen, wie gelackt schimmernden Blättern Tausende von rotweiß panaschierten Blüten über mir. Ein Teppich aus verwelkten Blütenblättern unter meinen Füßen. Ein silbergrauer Stamm, eine kreisrunde riesige Krone wie der Hut eines Pilzes. Nur Umweltverschmutzung oder andere menschliche Grobheiten scheinen diesen alterslosen Giganten irgendwann ein Ende bereiten zu können.

Der älteste Kamelienbaum diesseits der Alpen befindet sich im sächsischen Schloss Pillnitz an der Elbe, eine halbe Autostunde südöstlich von Dresden. Überhaupt gab es eine Zeit, als Sachsen als das Kamelien-Land schlechthin galt, beherbergte es doch die meisten Sammlungen und Spezialgärtnereien. Nach seinen Abenteuern vor den Toren Nagasakis wurde Georg Meister 1689 Hofgärtner in Dresden. Seine Söhne betreuten nicht nur die Hofgärten, sondern besaßen auch eigene Gewächshäuser und handelten mit seltenen Pflanzen. In zweiter Generation spezialisierten sie sich auf Rhododendren, Azaleen und Kamelien.

Die Gärtnerfamilie Seidel, die mehrere Generationen umfasste, entwickelte darüber hinaus ein Spezialgewächshaus, in dem die Kamelien endlich gefahrlos überwintern konnten. Dessen Geheimnis war so einfach wie genial: Halb in die Erde hineingebaut, im Sommer offen und im Winter schützend geschlossen, bot es den Pflanzen die Bedingungen, die sie zum Überleben brauchten.

Zum Ende des 19. Jahrhunderts avancierte die Kamelie neben der Rose zur beliebtesten Schnittblume in Europa und Dresden damit zur »Kamelienhauptstadt«. Im Jahr 1893 gediehen rund 800 000 dieser Pflanzen in und um Dresden.

Es war im Jahr 1801, als der Gärtnereigehilfe Carl Adolph Terscheck eine Kamelie der Sorte *Camellia japonica* aus ihrem zu eng gewordenen Kübel in der Nähe der Orangerie ins Freie auspflanzte. Sie war bereits seit rund dreißig Jahren in Dresden zu Hause, und um ihre Herkunft ranken sich zahlreiche Legenden. Die aufregendste besagt, dass der schwedische Botaniker Carl Peter Thunberg von seiner Japanreise im Jahr 1779 vier Kamelienpflanzen in die Königlich-Botanischen Gärten von Kew bei London brachte. Ein Exemplar verblieb dort, die anderen drei sollen nach Hannover, Schönbrunn und Pillnitz weitergegeben worden sein. Demnach wäre die Pillnitzer Kamelie die einzig überlebende dieser vier Pflanzen und heute sage und schreibe 241 Jahre alt. Neueste genetische Forschungen legen allerdings die Vermutung nahe, dass es sich hier auch um das nur wenige Jahre jüngere Exemplar aus einer mittelenglischen Baumschule handeln könnte, welches eine Familie Zeller nach Dresden mitgebracht hatte. Aber was spielen so ein paar Jahre für eine Rolle – das wirklich Besondere an der Pillnitzerin ist, wie diese rot blühende Kamelie mit ihren ausdrucksvollen gelben Staubfäden eine derart lange Zeit in einem ihr nicht gemäßen Klima überleben konnte. Und das hat sie nicht zuletzt der hingebungsvollen Pflege vieler Generationen von Gärtnern zu verdanken.

Als Schutz vor der Winterkälte baute ihr schon Terscheck, der später Hofgärtner werden sollte, ein hölzernes »Konservationshaus« mit großen Fenstern, das man im Sommer abbaute und im Herbst wieder installierte. Dessen Fachwerkkonstruktion wuchs mit der Pflanze, ebenso wie das angefügte Häuschen, in dem Öfen für die notwendige Wärme sorgten. Dieses Arrangement wurde dem mehr als hundertjährigen und inzwischen rund sechs Meter hohen Baum im Januar 1905 beinahe zum Verhängnis, als die Holzkonstruktion in Brand geriet. Während der Löscharbeiten gefror das Spritzwasser bei unter minus 20 Grad auf der Stelle und hüllte den Baum in einen gigantischen Eisberg ein, was ihr, so überraschend das klingen mag, das Leben rettete. Bereits im folgenden Frühjahr soll sie wieder ausgetrieben haben.

Sie überlebte auch beide Weltkriege und gesellschaftliche Umwälzungen, wurde unter jeder Herrschaft treu gehegt, im Winter verhüllt und mit künstlichem Licht bestrahlt. Dank der guten Pflege ist sie inzwischen acht Meter sechzig hoch und hat einen Durchmesser von beinahe elf Metern. Sie blüht von Mitte Februar bis April und residiert dabei wie eine Königin in einem prächtigen Glaspalast. Sollte Sie Ihr Weg einmal im zeitigen Frühjahr nach Dresden führen, wäre das eine Gelegenheit, diese ehrwürdige Schönheit zu besuchen und in voller Blüte zu erleben.

Lange Zeit waren Kamelien die einzigen Pflanzen, die während der kalten Jahreszeit eindrucksvolle Schnittblumen lieferten. Entsprechend begehrt und bekannt waren sie. Ihr Farbspektrum reicht von Reinweiß bis Tiefdunkelrot mit allen Abstufungen dazwischen, auch gestreifte oder gefleckte Varianten gibt es. Eine rund zweihundertjährige Züchtungsarbeit hat die Vielfalt der Blüten mit und ohne Duft ins schier Unermessliche erweitert. Außerdem erscheinen sie in vielerlei Gestalt: In ihrer Form ähneln manche Kamelien Rosen, andere Päonien, dann gibt es ungefüllte Sorten mit ausgeprägten Staubblättern, die an Malven- oder Hibiskusblüten erinnern. Andere zeigen sich mit großen Außenblättern, die wie ein Kragen ein dicht gefülltes Inneres umschließen. Oder sie haben die Form von Glocken, gefüllt, halb gefüllt oder ungefüllt – der Variationsmöglichkeit bei der Züchtung scheinen nur wenige Grenzen gesetzt zu sein. Lediglich blau blühende Kamelien hat man noch nie gesehen, von ein paar ins Violette spielenden Rottönen einmal abgesehen.

Neben den Abstufungen von Weiß über Rosa, Pink bis Rot gibt es auch blassgelbe Varianten der *Camellia japonica*, und neuerdings werden Funde von leuchtend gelben Sorten berichtet, die in Vietnam beheimatet sind, so die *Camellia hakodae* und die *Camellia crassiphylla* und einige andere mehr. Eines steht fest: Die Geschichte der Kamelie ist noch lange nicht zu Ende erzählt.

Doch zurück zu ihrem Ursprung und ihrer Rolle in Japan und China. Denn im Vergleich zu der Zeitspanne, in der in ihrer Heimat die Menschen mit dieser Blume leben, handelt es sich bei der Kamelie in Europa nur um einen Wimpernschlag. Wie vielen Blüten wurden auch ihr in diesem Kulturkreis Attribute und Eigenschaften zugeordnet. Tsubaki, wie die Kamelie in Japan heißt, gilt dort als Symbol für Harmonie, Langlebigkeit, Liebe, glückliche Ehe, Reichtum, Sieg und Zufriedenheit. Als Blütenwunder mitten im Winter hängt der Pflanze eine hoffnungsvolle Erwartung an. Der Anblick der einzeln auf den verschneiten Boden fallenden Blütenblätter der roten Kamelie legt jedoch auch die Assoziation von Blutstropfen nahe, deshalb war sie für die Samurai ein Sinnbild für Tod und Vergänglichkeit.

Vergänglich mag auch die Schönheit sein, doch was für die Liebe und für das Begehren zählt, ist die Gegenwart. Haben Sie sich schon einmal gefragt, warum die Haare vieler Japanerinnen so auffallend glänzen? Das Geheimnis wohnt in der holzigen Fruchtkapsel der Sorte *Camellia olifeira*, die mit zahlreichen einfachen weißen Blüten ausgestattet ist. Ihre Früchte, auch Nüsse genannt, sind besonders groß und enthalten in ihren Kammern schwarze Samenkörner, die einen hohen Anteil eines wertvollen Öls besitzen.

Sein beeindruckender Gehalt an Ölsäure hat eine glättende und umhüllende Wirkung sowohl für das

Haar als auch für die Hautzellen. Ohne den geringsten Fettfilm zu hinterlassen, dringen Eiweiße und Fettsäuren in die Oberflächenstruktur der Haare ein und glätten die äußere Schicht. Dadurch erhält es einen natürlichen Glanz, das wussten bereits die Geishas und massierten vor dem Waschen, je nach Haarlänge, ein bis zwei Esslöffel warmes Kamelienöl ein. Die Kur blieb eine Viertelstunde im Haar, danach wurde das Öl gründlich ausgewaschen. Ich habe es selbst ausprobiert und kann es nur empfehlen.

Kamelienöl besitzt außerdem hautregenerierende Eigenschaften. Die Aktivität der Zellen wird angeregt, was dafür sorgt, dass die Haut weicher und elastischer wird und Fältchen sich glätten. Außerdem bietet das Öl der Haut Schutz vor Umwelteinflüssen und vermindert den Verlust an Feuchtigkeit. Besonders bei empfindlicher Haut wird Kamelienöl empfohlen. Das Öl wirkt entzündungshemmend und antiallergisch, die Haut wird widerstandsfähiger. In Japan sind Kosmetikprodukte mit hohem Anteil an Kamelienöl längst ein alter Hut, und auch bei uns gibt es inzwischen einige Produkte auf dem Markt, denen Kamelienöl beigemischt ist. Als reinen Stoff kann man es ebenfalls kaufen, sich selbst oder einer lieben Freundin damit ein wunderschönes Geschenk machen.

Doch nicht nur als Schönheitsmittel ist das Tsubaki-Öl empfehlenswert. Möglicherweise haben die Samurai damit ihre Schwerter und Messer aufpoliert und vor Rost geschützt, denn auch dazu eignet es sich hervorragend, weil es keinen klebrigen Film hinterlässt. Das gilt ebenso für den Holzschutz und das Imprägnieren von Papier für die traditionellen Schirme aus Ölpapier, die bei vielen japanischen Zeremonien, vor allem bei der Hochzeit, eine wichtige Rolle spielten.

Wenn Sie neugierig auf diese Pflanze geworden sind, aber nicht gleich eine anschaffen möchten: Im Botanischen Garten in Berlin sowie in der Stuttgarter Wilhelma blühen diese herrlichen »Rosen des Winters« in ihren Gewächshäusern in der entsprechenden Jahreszeit, und sicherlich gibt es noch viele andere Sammlungen im In- und Ausland, die einen Besuch immer lohnen.

Blumen haben zu allen Zeiten und in allen Kulturen die Dichter bewegt. Darum möchte ich dieses Kapitel mit den Versen eines unbekannten chinesischen Meisters aus der Ming-Dynastie beschließen:

Hoch oben auf dem Baum
Speien zehntausend Blüten Feuer.
Ihr Widerschein im letzten Schnee färbt
Den Himmel brennend rot.

Hexenbesen
oder Kuhschelle

Wiesenblume mit starken Eigenschaften

Küchenschelle – bei dem Wort dachte ich früher immer an eine Glocke für den Küchengarten. Weit gefehlt. Ein nützliches Gewürzkraut ist es allerdings auch nicht. Das Hahnenfußgewächs oder *Pulsatilla* ist vor allem denjenigen ein Begriff, die sich ein wenig mit der Homöopathie beschäftigen, denn hier kann es als »vielnützliches« Mittel bei einer erstaunlichen Bandbreite an Krankheitszuständen eingesetzt werden. So soll es bei Schnupfen und Problemen der Nasennebenhöhlen, bei Ohr- und Blasenentzündungen helfen, außerdem bei Gelenkschmerzen, venösen Stauungen und vielen anderen Beschwerden.

Pulsatilla vulgaris leitet ihren deutschen Namen auch nicht von der Küche ab, sondern von den Kühen, weil ihre glockenförmige Blüte aussieht wie die Schelle, die in der Schweiz den Weidetieren umgehängt wird.

Heutzutage ist sie nicht leicht zu finden. Diese außergewöhnlich schöne Wildblume wächst am liebsten auf Magerrasen mit kalkreichen Böden. Dabei benötigt sie relativ hohe Temperaturen und gedeiht deswegen am besten an sonnigen Hängen. Ja, die Küchenschelle liebt das Licht geradezu und reckt ihre Blüten an warmen Tagen der Sonne entgegen. Dabei entblößen die lila-farbenen Glocken in einer Größe von Hühnereiern ihre leuchtend gelben Staubblätter, was einen sehr schönen Kontrast ergibt.

Als ich diese Blume zum ersten Mal in »freier Wildbahn« entdeckte, war ich hingerissen. Es war auf einer Wanderung im Schweizer Jura, in der Nähe von Romainmôtier, einem bezaubernden Ort mit einem Kloster aus dem 11. Jahrhundert, das in verkleinerter Form dem rund hundert Jahre zuvor erbauten Vorbild in Cluny nachempfunden ist. Ganz in der Nähe führte unser Wanderweg über eine große Wiese, die von die-sen erstaunlichen Blumen nur so übersät war.

Es war Ende März, eine Woche vor Ostern. Das erste Grün begann unter den vom Winter vergilbten Gräsern zu sprießen. Und vor meinen Füßen entdeckte ich gera-de noch rechtzeitig, bevor ich es zertreten hätte, etwas Wunderschönes: Aus einem silbern schimmernden Horst reckte sich eine im Verhältnis zur Blattrosette rie-sige Blüte auf einem dicht behaarten Stiel fünf bis zehn Zentimeter in Richtung Sonne. Gleich darauf entdeckte ich mehr davon, manche noch zu pelzigen, keulenför-migen Knospen geschlossen, andere schon im Begriff, ihre sechs Kronblätter zögerlich zu öffnen. Und an den sonnigsten Stellen der Wiese: ein Meer von leuchtenden Sternen, violett mit einem dichten sonnengelben Innenleben.

Fasziniert ging ich in die Hocke und betrachtete diese überraschenden Blüten genau. Der Kontrast zwischen den dicht behaarten Blättern, Stielen und Hüllblättern der Blüten, die wie kleine Pelztiere wirkten, und den zarten Kronblättern mit ihren von der Spitze bis zum Blütenboden verlaufenden feinen Adern, war größer kaum vorstellbar. Im Gegenlicht fast transparent ließen sie die Sonnenstrahlen durchscheinen und wirkten zerbrechlich wie feines Glas.

Ich zückte meinen Fotoapparat und vergaß die Zeit. Kniete mich nieder, legte mich auf den Bauch, atmete den charakteristischen Duft des letztjährigen, abgestorbenen Grases und des erwachenden Lebens darunter ein. Während ich diese Zeilen schreibe, gehe ich durch die damals gemachten Aufnahmen und fühle erneut die Faszination. Die Mischung aus Pelztierchen, zarter Riesenblüte und Goldbüschel aus Staubblättern und Stempel ist einfach einzigartig. Bienen und Hummeln torkelten im Innern der Blüte, trunken von der ungewohnten Wärme und dem Angebot an Nahrung. Nach der langen Winterzeit schienen die Insekten ein Fest zu feiern und wirkten ebenso überrascht wie ich.

Die Küchenschelle ist eine Trockenpflanze, kommt also mit wenig Wasser aus und schützt sich mit ihren hellen Flimmerhaaren gegen Kälte und Verdunstung – ganz ähnlich wie manche Kakteen. Unterhalb der Blüte umgibt ein Quirl aus drei stark gefiederten Hochblättern, die am Stiel miteinander verwachsen sind, die zarte Knospe. Als sogenannter Tiefwurzler dringt die Pflanze bis zu einem Meter ins Erdreich ein und holt sich dort die nötige Feuchtigkeit.

Es gibt einige Landschaften, die aufgrund der günstigen Klima- und Bodenbedingungen bekannt für ihre reichen *Pulsatilla*-Populationen sind. Offenbar waren wir damals im Schweizer Jura zufällig auf eine dieser Hochburgen gestoßen. Weitere befinden sich beispielsweise auf der Schwäbischen Alb, in Thüringen und in der Eifel. Auch das Altmühltal bietet sonnige Hänge, auf denen Küchenschellen den Trockenrasen bedecken, und gerne versenken sie ihre langen Wurzeln in Felsspalten. Auf dem kargen Gestein gibt es keine Konkurrenz, außerdem speichert es die für die Pflanze notwendige Wärme. Einst waren die Hänge bewaldet, doch vor vielen hundert Jahren rodete der Mensch die Bäume, um Weidefläche zu gewinnen. In der Zwischenzeit hat sich hier eine völlig neue Kulturlandschaft entwickelt, die heutzutage durch eine gezielte Beweidung mit Schafen und Ziegen erhalten wird. Denn Pflanzen wie die Küchenschelle können nur auf Wiesen gedeihen, die immer wieder kurz gehalten werden – und sei es durch tierische »Rasenmäher«. Ohne Beweidung würden diese Gegenden wieder zu Wald, und das in kürzester Zeit.

Das wäre schade, denn mit den Wiesen würde eine ganze Pflanzenwelt verschwinden, die neben der Küchenschelle zum Beispiel auch Orchideen umfasst, die im Sommer blühen, und im Herbst die Silberdistel. Genauso ist eine Vielzahl an Tieren auf diese Landschaft angewiesen, Insekten natürlich – hier vor allem Schmetterlinge – sowie Vögel und Reptilien.

Als ich mir mein eigenes großes Blumenbeet anlegte, durften zwei verschiedenfarbige Küchenschellen nicht fehlen. Ich erstand eine kleine Staude in der originalen Blütenfarbe, also Dunkelviolett, und eine in einem kräftigen Bordeauxrot. Meine Freude war riesig, als sie sich sofort bei mir heimisch fühlten, dabei hatte ich zu diesem Zeitpunkt noch keine Ahnung von den speziellen Bedürfnissen dieser Pflanze. Eine Mischung aus Staunen und Freude erfüllte mich, als ich im Jahr darauf überall in meinem sechzehn Quadratmeter großen Beet winzige Ableger von meinen beiden Küchenschellen entdeckte. Ein Jahr später konnte ich meine Freundinnen bereits großzügig mit Ablegern versorgen, und noch immer ist die Küchenschelle dabei, mein Beet zu erobern.

Erst da begann ich, mich mit ihren Vermehrungsstrategien zu beschäftigen – und wurde erneut von dieser kleinen Pflanze überrascht.

Mir war bereits aufgefallen, dass die zehn bis fünfzehn Zentimeter hohen Blüten nach der Befruchtung noch einmal an Länge zulegen und bis zu dreißig Zentimeter hoch werden können. Aus jedem der gelben Fruchtblätter im Innern der Pflanze entwickelt sich ein Nüsschen mit einem silbern behaarten Federschweif, sodass der Fruchtstand aussieht wie ein zottiger runder Pinsel. Der Wind löst sie vom Fruchtboden der Blüte und trägt die Samen davon. So weit, so gut, das tun auch andere Pflanzen. Die Küchenschelle hat aber noch eine zweite Strategie entwickelt, um sich selbst bei Windstille so weit wie möglich zu verbreiten. Bei feuchtem Wetter verfangen sich die Samen mit ihren Federschweifen im Fell vorüberstreifender Tiere und werden so teilweise über weite Strecken fortgetragen, ehe sie wieder abgestreift werden und – hoffentlich – auf günstige Erde fallen. Besonders beeindruckend finde ich jedoch eine dritte Methode. Helfen weder Wind noch Tiere bei der Verbreitung der Samen, schaffen sie es auch ganz allein, sich von der Mutterpflanze fortzubewegen. Und das geht so: Bei trockenem Wetter ist der Federschweif rechtwinklig abgeknickt. Fällt er so zu Boden, wartet er auf Regen. Wird er feucht, streckt er sich und befördert so die Frucht ein Stückchen weiter. Bei Trockenheit klappt der Federschweif wieder ein und streckt sich erneut bei Regen. Bei wechselhaftem Herbstwetter gelingt es dem Sämling auf diese Weise, sich zehn bis zwanzig Zentimeter von der Mutterpflanze zu entfernen, um sich dann mithilfe seiner scharfkantigen Spitzen in der Erde zu versenken. Wer würde einer Pflanze solche Tricks zutrauen? Und so kommt es, dass ich in jedem Frühjahr neue *Pulsatilla*-Pflänzchen entdecke.

Dennoch gilt die Küchenschelle als gefährdet, denn der Lebensraum, den sie benötigt, schwindet mehr und mehr. Warme, trockene, extensiv bewirtschaftete Magerwiesen und -weiden werden in unserem Land immer seltener. So wurde sie im Jahr 1996 zur Blume des Jahres erklärt, um auf ihre Schönheit und ihre Gefährdung aufmerksam zu machen.

Besonders beliebt scheint die Küchenschelle in früheren Zeiten nicht gewesen zu sein. Dass sie mit ihrem Gehalt an Protoanemonin giftig ist, sogar für Ziegen, auch wenn in manchen Märchen anderes erzählt wird, sorgte dafür, dass man sie mied. Aber wie bei den meisten Pflanzen, die wirksame Giftstoffe enthalten, kann man sie in den richtigen Dosierungen auch als Heilmittel einsetzen. Schon Hippokrates wandte sie gegen hysterische Angstzustände und zur Menstruationsförderung an. Ob er damit Erfolg hatte, wissen wir nicht. Aus der russischen Volksmedizin ist ihr Einsatz bei Kopfschmerzen und Erkältungen überliefert, man legte dafür frisch zerquetschte Blätter auf den Hinterkopf, heißt es.

Heute weiß man, dass sich das hochgiftige Protoanemonin durch Trocknung in das ungiftige Anemonin umwandelt, dem wiederum eine krampf- und schmerzlindernde Wirkung zugeschrieben wird. Außerdem gilt es als natürliches Antibiotikum.

Dennoch waren die außergewöhnlichen Eigenschaften der Pflanze in früheren Zeiten den Menschen eher unheimlich. Sie wurde, wahrscheinlich aufgrund des silbrig glänzenden Fruchtstands, Teufelsbart, Bocksbart, Wildes Männle oder Grantiger Jäger genannt. Mancherorts erzählte man sich, die Blume markiere die Stelle, wo der Jäger eine Hexe aus der Luft heruntergeschossen habe. Solchen Legenden verdankt sie den Namen »Hexenbesen«. In anderen Gegenden war man davon überzeugt, die jungen Gänschen würden im Ei ersticken, holte man sich die Küchenschelle ins Haus.

Tatsächlich eignet sich die Küchenschelle nicht dafür,

sie zu einem Strauß zu binden oder als Dekoration ins Zimmer zu holen. Dazu ist ihr Stiel zu kurz, vor allem verliert sie ihren Zauber – und das meine ich nun im modernen, positiven Sinn –, einen Zauber, den sie auf der kargen Weide oder im Garten besitzt. Heute gibt es einige Kulturformen in den abweichenden Farben Purpur und Weiß, doch mir persönlich gefällt das originale leuchtende Blau- oder auch Rotviolett der wilden Küchenschelle am besten.

Zinnie und Kapuzinerkresse

Eine Lanze für altmodische Schönheiten

Ich weiß nicht mehr, wie das erste Samenpäckchen zu mir fand. Vermutlich hatte mich einmal mehr die farbenprächtige Abbildung darauf verführt, als ich, wie so oft, an einem Drehständer mit Samenangeboten stand. Den Namen »Zinnie« hatte ich nie zuvor gehört. Was soll's, dachte ich, als ich im März meine Tütchen sichtete, um mit der Anzucht auf dem Fensterbrett zu beginnen. Ein Versuch mehr. Ich hatte gelernt, dass nicht alles, was ich in die kleinen Töpfchen mit Anzuchterde steckte, auch gedieh. Fehlschläge gehören zum Leben wie zum Gärtnern.

Doch die dreikantigen, schwarz glänzenden Samen der Sorte »Pracht-Zinnie« gingen ausnahmslos alle auf. Sie entwickelten sich zu kräftigen Pflänzchen, die ich im Mai nach den Eisheiligen in Gruppen auspflanzte.

Einige Wochen später war mein Garten erfüllt von einer Pracht an Farben und Formen, die nicht nur mich, sondern auch meinen Mann in Begeisterung versetzte. In allen erdenklichen Rot-, Rosa-, Orange-, Gelb- und Weißschattierungen entfalteten die Zinnien ihre erstaunlichen und irgendwie altmodisch wirkenden Blüten, die früher in keinem Bauerngarten fehlen durften. Sie beanspruchten zwar eine Menge Platz, wuchsen einen halben Meter hoch und machten sich breit, doch wer wollte es ihnen bei ihrer verschwenderischen Art zu blühen zum Vorwurf machen?

Diese Korbblütler gehören zu der Pflanzengemeinschaft der Sonnenanbeter und recken ihre stattlichen Blütenköpfe stets dem Licht entgegen. Auch in den vergangenen, sogar im Schwarzwald heißen Sommern schienen sie sich wohlzufühlen. Denn ihre Heimat sind von der Wärme verwöhnte Gegenden wie Mexiko und die Südstaaten der USA. Sie stellen geringe Ansprüche, nur Staunässe vertragen sie nicht, dann können sie von Mehltau befallen werden.

Es fällt schwer, diese Blüten angemessen zu beschreiben, gerade weil sie auf den ersten Blick so einfach wirken. Doch das sind Zinnien keineswegs. Die kleinblühende Sorte ähnelt Pompon-Dahlien en miniature und entfaltet eine Palette an pudrigen Pastelltönen. Ihre halb kugelige Form entsteht durch dachziegelförmig angeordnete Blütenblätter in unzähligen Reihen, während die eigentlichen Blütenkörbe zwanzig bis hundertfünfzig Röhrenblüten enthalten können, um welche zusätzlich noch ein Kranz von winzigen sternförmigen Zungenblüten in einer weiteren Kontrastfarbe absteht. Bei den großblütigen gefüllten Sorten kann der Blütenkorb kegelförmig nach oben wachsen, ähnlich wie bei den Sonnenhüten, die mit der Zinnie verwandt sind. Dabei können um diesen Schaft gleich mehrere der winzigen Sternenkreise angeordnet sein, sogar in unterschiedlichen Farben. So ist mitunter eine einzige Blüte innen von einem dunklen Purpur und von gelben, orangen und weißen Strahlenkränzen umgeben, während um ihr Blütenherz herum noch weitere prächtige Lagen von langen, kräftig farbigen Zungenblüten wie ein Kragen die Aufmerksamkeit der Bestäuber auf sich lenken. Und tatsächlich folgen zahlreiche Insekten, alle Arten von Bienen, Hummeln und Schmetterlingen, dieser grandiosen Einladung.

Lila, Purpur, verwaschenes Altrosa, Pink, Magenta und leuchtendes Karminrot, Orange in verschiedenen Nuancen, Weiß und Gelb – kombiniert man diese Vielfalt zu einem Strauß, so erhält man Farbenspiele, wie sie beispielsweise in Südamerika häufig in Webarbeiten auftauchen. Auf einem ihrer berühmten Selbstbildnisse hat sich die mexikanische Malerin Frida Kahlo mit einem Blütendiadem aus rosafarbenen und gelben Zinnien dargestellt.

Die spanischen Eroberer wiederum schienen von den Wildformen, die sie in der ihnen neuen Welt vorfanden, alles andere als begeistert zu sein. Sie nannten sie »Mal de ojos«, was so viel heißt wie »Böser Blick«. Vielleicht galten die Blüten aber auch als lebendiges Amulett *gegen* den Bösen Blick? Schließlich haben sie mit dem menschlichen Auge eine gewisse Ähnlichkeit.

Ihren Namen Zinnie erhielt die Blume wie so viele

andere von Carl von Linné. Johann Gottfried Zinn, den er mit der Benennung der Blume aus Mexiko ehrte, war in erster Linie ein Anatom, der zur Erforschung des Sehsinnes entscheidende Beiträge leistete. Sein Hauptwerk, das 1755 erschien, enthielt die erste umfassende Darstellung der Anatomie des menschlichen Auges. Daneben war der gebürtige Franke aus Schwabach ein begeisterter Botaniker, und in dieser Funktion bekam er vom deutschen Botschafter in Mexiko im Jahr 1750 einige Samen zugesandt, die in ihrer Heimat als Unkraut angesehen wurden. Doch die schlichten weißen Blüten der Wildform fanden nicht nur bei Zinn Interesse. Botaniker in Deutschland und Holland, mit denen Zinn sein Wissen teilte, kreuzten und selektierten, bis sie nach langer Zeit aus diesen winzigen und schlichten Blüten im wahrsten Sinne des Wortes eine bunte Mischung an Varietäten geschaffen hatten. Erst im 19. Jahrhundert wurden diese farbenprächtigen und vielgestaltigen Sorten auf den amerikanischen Kontinent sozusagen reimportiert und erfreuen sich dort seitdem fast sogar noch größerer Popularität als bei uns.

Denn sie sind hierzulande ein bisschen aus der Mode gekommen und schließlich bei vielen Hobbygärtnerinnen und -gärtnern aus dem Sinn geraten. Und doch möchte ich an dieser Stelle eine Lanze brechen für diese fröhlichen, farbenfrohen und nahezu unverwüstlichen Pflanzen, die sich auch in der Vase oder im Gesteck fantastisch machen. Und vielleicht ist ja etwas dran an der Sache, und sie halten tatsächlich den Bösen Blick, Neid und Missgunst von uns fern.

Als ich eine meiner anderen Lieblingsblüten, die Kapuzinerkresse, in den Kanon der hier besprochenen Blumen aufnahm, ahnte ich nicht, dass auch diese Pflanze aus Südamerika stammt. Hauptsächlich in Peru ist diese Kletterpflanze beheimatet, und von dort nahm sie der spanische Botaniker Nicolás Monardes mit nach Europa. 1569 veröffentlichte er einen Bericht über die Schätze, die er aus der »Neu gefundenen Welt« mitgebracht hatte, darunter die Kapuzinerkresse, wie wir sie heute nennen. Der britische Botaniker John Gerard erwähnt und beschreibt in seiner 1597 verfassten Publikation *The Herball or Generall Historie of Plantes* Samen dieser Pflanze, die er aus Spanien erhalten habe. Ihren lateinischen Namen *Tropaeolum majus* verlieh ihr, wer sonst, Carl von Linné, weil sie ihn an einen Brauch der alten Römer erinnerte, als er sie als Kletterpflanze ein Spalier erklimmen sah. Nach siegreicher Heimkehr errichteten die Römer nämlich eine Stange, an die sie ihre erbeuteten Trophäen hängten, Schilde und Helme zum Beispiel. Diese Stange nannten sie *Tropaeum*, und Linné verwendete den Begriff als Namen in der Verkleinerungsform *Tropaeolum*. Tatsächlich sind die Blätter der Kapuzinerkresse schildförmig, und die Blüten haben, besonders von der Seite betrachtet, mit ihrem lang nach hinten ragenden Nektarsporn die Form von Helmen. Man kann auch eine Kapuze in ihr sehen, wie sie typischerweise an den Mantel der Kapuzinermönche angenäht war, und so erhielt die Blüte im deutschen Sprachraum den Namen »Kapuzinerkresse«.

Will man einen Balkon farbenfroh und kostengünstig beranken, ist man mit ein, zwei Samenpäckchen der Kapuzinerkresse gut bedient. Sie keimen problemlos und lassen sich leicht versetzen. Es gibt sie heute nicht nur in dem ursprünglichen leuchtend orangeroten Farbton, sondern auch in Creme, in kräftigen Rottönen, sogar in einem fast schwarz wirkenden Bordeaux, darüber hinaus mehrfarbig, gelb und panaschiert, gestreift und sogar in einem weichen Rosarot. Es gibt sie stark rankend, sodass man sie in meterlangen Girlanden vom Fensterbrett oder vom Balkon herunterhängen oder ein Spalier erklettern lassen kann, aber auch in einer weniger expandierenden Form, damit sie sich im Blumenbeet anständig benimmt.

Ihre Blüten und sogar die Blätter bilden eine pikante Zutat zu Salaten und Kräuterquark-Mischungen oder schmecken lecker auf einem Butterbrot. Da die essbare Pflanze in ihrem scharfen, dem Meerrettich ähnelnden Geschmack an die heimische Kresse erinnerte, erhielt sie auch den Namen »Indische Kresse«, denn lange Zeit glaubten ja die Eroberer, nach Indien gelangt zu sein, ehe sie bemerkten, dass sie einen bislang völlig unbekannten Kontinent betreten hatten.

Beeindruckend wirkt die Heilkraft der Kapuzinerkresse, die sogar von Schulmedizinern anerkannt wird. Zwar wurde sie in den alten Kräuterbüchern nicht erwähnt, weil beispielsweise Hildegard von Bingen sie noch nicht kannte, spanischen Überlieferungen nach war die Pflanze jedoch schon bei den Ureinwohnern Südamerikas, den Inkas, als Heilkraut bestens bekannt. Der spanische Arzt Francisco Hernandez war der erste

Europäer, der die Kapuzinerkresse beschrieb und darauf hinwies, dass die Pflanze vor allem bei Hautkrankheiten und äußeren Verletzungen Verwendung fand, wobei die Blätter auf die betroffenen Körperteile gelegt wurden, was zu einer recht schnellen Wundheilung geführt haben soll.

Doch vermutlich entsprach dies nur einem Teil ihrer Verwendung als Arzneipflanze, denn die Kapuzinerkresse hat durch ihren hohen Gehalt an Senfölglycosiden starke antibiotische, antivirale und antimykotische Eigenschaften, was bedeutet, dass sie ein wirksames Mittel gegen Pilze ist, zum Beispiel Darmpilze oder Candida. Auch bei Entzündungen der Atemwege und der Harnwege räumt die Kapuzinerkresse mit den Erregern entschlossen auf. Bei grippalen Infekten und bei Bronchitis ist sie ebenfalls ein höchst wirksames Mittel.

So verwundert es nicht, dass die Kapuzinerkresse zur Arzneipflanze des Jahres 2013 gewählt wurde. Wie schon erwähnt, schmecken Blätter und Blüten der Pflanze nicht nur lecker, sondern ihr regelmäßiger Verzehr stärkt außerdem das Immunsystem und hilft, Erkältungen vorzubeugen.

Außerdem können Extrakte der Kapuzinerkresse, die in Apotheken erhältlich sind, bei Muskelschmerzen Linderung bringen. In der traditionellen chinesischen Medizin (TCM) wird sie bei Erschöpfungszuständen, mangelndem Antrieb, leichten Depressionen und auch bei den bereits genannten Infektionen der oberen Atemwege sowie der Harnwege eingesetzt.

All das wusste ich nicht, als ich vor vielen Jahren meinen damaligen kleinen Küchenbalkon in eine wahre Oase aus Grün und Orange verwandelte. Die Kapuzinerkresse wallte über das Balkongeländer, erklomm die beiden einfachen Spaliere an den Seiten und kletterte weiter, um für mich an der Unterseite des darüber liegenden Balkons noch ein Dach zu bilden. Frühmorgens und abends erfüllte ein frischer, senfig-süßer Duft meine Küche, die Heiterkeit der leuchtenden Farben tat mir wohl und ich schloss eine innige Freundschaft mit dieser Blume. Später bewohnte ich ein Schwarzwaldhaus mit dunkelbraunen Schindeln, und statt der obligatorischen Geranien verschönte auch hier meine Kapuzinerkresse die Fensterbänke und die Fassade. Ich experimentierte mit vielen verschiedenen Sorten, und doch kehrte ich immer wieder zu den leuchtend gelben und orangen Sorten zurück, die am leichtesten gedeihen und in meinen Augen am besten zu dieser Pflanze passen. Und tatsächlich helfen mir Präparate der Kapuzinerkresse immer wieder, meine Gesundheit zu erhalten. Wir beide sind beste Freundinnen.

Gänseblümchen
und Co.

Oder: Was ist eigentlich Unkraut?

Es wächst auf jeder Wiese, schleicht sich in den noch so gründlich gepflegten Rasen, lässt sich zu filigranen Blütenkränzen winden und macht ganz einfach gute Laune: das Gänseblümchen.

Nach den dramatischen Blumenporträts der vergangenen Kapitel war mir nach ein wenig Schlichtheit. Deshalb beschloss ich, mich auf alle viere zu begeben und in meinem Garten den Rasen zu inspizieren. Rasen? Wohl eher eine Wiese. Denn ich gestehe: Alles, was blüht, ist bei uns willkommen.

Das Gänseblümchen musste nicht aus exotischen Ländern durch Pflanzenjäger zu uns gebracht werden, es war einfach immer da. Im Saatgut oder an Schuhen und Kleidung wanderte es bereits in der Frühgeschichte mit den Menschen mit. Es liebt offene Flächen, und weil es so klein ist, benötigt es gemähte oder beweidete Wiesen, sonst wachsen ihm andere Pflanzen über den

Kopf und rauben ihm das Licht. Darum gedeiht das Gänseblümchen am besten in der Umgebung von uns Menschen. Man nennt solche Pflanzen auch »Kulturfolger«, weil sie sich den Kultivierungsaktivitäten des Menschen anschließen.

Das Gänseblümchen löste keine Hysterie und keinen Börsenkrach aus, schrieb nicht Geschichte und verursachte keine Kriege und hat doch den anmutigsten Namen überhaupt – jedenfalls auf Lateinisch. Linné nannte es *Bellis perennis*, und das bedeutet »ausdauernde Schöne«. Neben dem bei uns geläufigen Rufnamen Gänseblümchen, weil Gänse – und nicht nur sie – sowohl Blüte als auch Blätter für ihr Leben gern verspeisen, hat man ihm landauf, landab noch viele andere Namen gegeben, von denen ich hier die schönsten nennen möchte: Liebesblümle, Marienkrönchen, Maßliebchen, Zeitlose, Mädchenblume, Ringelröslein und Tausendschön. Suchen Sie sich einen aus, oder erfinden Sie einen neuen. »Ausdauernde Schöne« finde ich persönlich übrigens sehr treffend.

Warum ausdauernd? Als immergrüne Pflanze gehört *Bellis* zu den allerersten Blumen, die im Frühjahr ihre Blüten öffnen. Selbst im winterlichen Schnee kann sie bei ausreichender Sonneneinstrahlung ihre winzigen kugeligen Knospen ins Licht recken. Die Blüten ertragen sogar für eine kurze Zeit Frost bis zu minus 15 Grad. Startet der Frühling, entpuppt sich die mehrjährige Zwergstaude als wahres Blühwunder. An die hundert Blüten und mehr bringt sie so in einer Saison zustande.

Das Gänseblümchen gehört zu den Korbblütlern

und verfügt, wie der Name schon sagt, über einen wahren »Korb« an gelben Einzelblüten. 75 bis 125 trichterförmige Röhrenblüten drängen sich im runden »Auge« des Blümchens aneinander und warten auf Bestäubung. Weiße Zungenblüten, die an ihrer Spitze einen Hauch von Purpur aufweisen können, wachsen in zwei Reihen wie Strahlen um dieses gelbe Körbchen herum. Sie enden an ihrem Ansatz am Blütenkorb in einem weiblichen Pflanzenteil und fangen die Pollen der ins Zentrum krabbelnden Insekten auf, wo die zwittrigen Röhren ebenfalls auf diese warten. Die große Verbreitung von *Bellis perennis* liegt hier begründet: Das Gänseblümchen ist nicht wählerisch, lässt sich gern durch Insekten befruchten oder erledigt diese Aufgabe auch einfach selbst.

Haben sich Samen ausgebildet, wartet das Gänseblümchen auf Regen und Wind. Treffen nämlich Wassertropfen auf die Pflanze, werden die Samen von ihr weggeschleudert. Genauso fungiert der Wind wieder einmal als ein bewährter Sämann. Doch um ganz sicherzugehen, vermehrt sich das Blümlein auch vegetativ, also durch Ableger. Auf diese Weise kann es sich auf einem Rasen ganz schön breitmachen.

Eigentlich sind Gänseblümchen so etwas wie Gemüse, die grünen Blattrosetten und auch die Blüten sind essbar. Zusammen mit jungen Löwenzahnblättern ergeben sie einen würzigen Sommersalat. Auch im Kräuterquark oder auf dem Butterbrot machen sie sich gut, oder man streut die Blüten und Knospen auf die Gemüsesuppe.

Hildegard von Bingen schätzte das Gänseblümchen

als Heilpflanze: »Für einen gesunden Menschen ist es gut zu essen, weil es das gute Blut in ihm vermehrt und einen klaren Verstand bereitet. Aber auch den Kranken bringt es wieder zu Kräften. Es macht seine Augen klar.«

So klein es sein mag, die Liste seiner für den Menschen nützlichen Eigenschaften ist umso länger. Ein Tee aus frischen oder getrockneten Blüten regt die Verdauung, den Appetit und den Stoffwechsel an. Außerdem schreibt man *Bellis* eine krampfstillende Wirkung, beispielsweise bei Husten und Magenproblemen, zu, Gerbstoffe wirken zusammenziehend und können somit bei Darmentzündungen Linderung bringen. Äußerlich angewendet setzte Hildegard das Blümchen bei schlecht heilenden Wunden, Ekzemen, Verletzungen wie Schürfwunden, Prellungen und Verstauchungen, Quetschungen und Hauterkrankungen ein. Selbstverständlich sollte auch das Gänseblümchen – wie alle anderen Pflanzen – als Heilmittel nur vorsichtig und auf keinen Fall über einen längeren Zeitraum verwendet werden.

In meinem Garten blühen noch ganz andere Kräuter, zum Beispiel der weiße und rote Klee, dessen Blüten gemeinsam mit den Gänseblümchen und der Wiesenglockenblume, die ganz schüchtern in einigen Winkeln bei uns wächst, hübsche Miniatursträuße für die besonders winzigen Vasen ergeben. Ich liebe solche Zwergensträuße aus wenigen Blüten, die ich gern im Badezimmer auf der Spiegelablage platziere, wo die sonst leicht übersehenen »Allerweltsblumen« ihren Auftritt haben und in ihrer Besonderheit zur Geltung kommen. Denn jede einzelne ist für sich genommen ein kleines Meisterwerk

der Natur. Da wird sogar eine Gierschblüte zur Kostbarkeit, und das duftende Blütenkörbchen des Löwenzahns
leuchtet wie eine Sonne.

Dabei gehören diese Pflanzen ja zu den verhassten
Unkräutern. Was ist das eigentlich, ein Un-Kraut? Als
Wortschöpfung ergibt der Ausdruck keinen Sinn, außer,
das »un-« steht für unbeliebt. Eine meiner Freundinnen
nennt sie »Beikraut«, was nicht ganz so unfreundlich
klingt.

Tatsächlich sind die meisten sogenannten Unkräuter
ökologisch besonders wertvoll. Fast alle, einschließlich der überaus unbeliebten Brennnesseln, sind fantastische Bienenweiden. Wir alle klagen über das leise
Verschwinden von vielen Schmetterlingsarten, doch
wenige wissen, dass der Admiral, das Tagpfauenauge,
das Landkärtchen, der Kleine Fuchs und viele andere
mit Vorliebe auf der Brennnessel ihre Eier ablegen. Das
sollten wir bedenken, wenn wir einmal wieder eine Ver-
nichtung dieses Unkrauts erwägen. Auch das im Frühjahr zartviolett blühende Wiesenschaumkraut, das auf
meinem »Rasen« dichte Horste bildet, ist für die Insek-
tenwelt unverzichtbar. Bienen und Falter, Schwebfliegen
und vor allem der wunderschöne Aurorafalter, der sich
zu dieser Jahreszeit als einer der ersten Schmetterlinge
zeigt, suchen hier Nahrung. Er legt gern am Wiesenschaumkraut seine Eier ab. Was aber, wenn das zartlila
Kraut immer weiter ausgemerzt wird?

Den kugelig blühenden Klee nutzen Landwirte als
Düngepflanze, weil er die Eigenschaft hat, mithilfe von
speziellen Bakterien, die sich an seinen Wurzeln ansie-

deln, Stickstoff aus der Luft zu binden, der im Folgejahr Kulturpflanzen zugutekommt. Und wegen seines hohen Gehalts an Eiweiß ist Klee in der Landwirtschaft auch nahrhaftes Futter für Milchkühe.

Bei Hobbygärtnern besonders gefürchtet ist der Giersch. Selbst unter widrigen Umständen verbreiten sich seine unterirdischen Wurzelausläufer im gesamten Garten, wenn man nicht einschreitet. Ähnlich wie der Mohn zählt der Doldenblütler zu den Pionierpflanzen, die brachliegende Flächen im Nu besiedeln. Reißt man ihn aus, verströmt er einen frischen, an Karotten und Petersilie erinnernden Duft. Und wenn er auch heute fast nur Ärger erregt, so bleibt der Giersch doch eine den Menschen seit Jahrhunderten begleitende Gemüse- und Heilpflanze. In der Volksmedizin wurde sie zur Linderung der Schmerzen bei Rheumatismus und Gicht verabreicht.

Das grüne Kraut kann man ernten und wie Spinat zubereiten. Wie die Brennnessel liefert der Giersch eine Vielzahl an wichtigen Vitaminen und Mineralstoffen. Seine Blätter enthalten mehr Vitamin C als der viel gerühmte Grünkohl, nämlich doppelt so viel, und sogar das Fünfzehnfache der Petersilie. Außerdem schmeckt er wirklich lecker. Deshalb betrachte ich meine Gierschkolonie in der Nähe eines Rosenstocks mit Gelassenheit und bediene mich im Frühsommer an seinen jungen Blättern. Wird er mir zu übergriffig, verarbeite ich ihn massenhaft zu einem schmackhaften Pesto.

Wer Giersch im Garten hat, sollte sich nicht ärgern. Gegen die unterirdischen Ausläufer ist man ohnehin so gut wie machtlos, und Unkrautvertilgungsmittel bleiben aus naheliegenden Gründen ein absolutes No-Go im Garten und meiner Meinung nach überhaupt überall. Um seine Nerven zu schonen und dennoch ein schönes Gartenbild entstehen zu lassen, erscheint es mir sinnvoll, sich mit dem hartnäckigen Siedler zu arrangieren und ihm, hat er sich einmal im Beet breitgemacht, robuste Partner entgegenzusetzen, die sich wehren können. Stauden, die einen ähnlich ausgeprägten Ausbreitungsdrang haben, weisen ihn in seine Schranken. In dieser Nachbarschaft kann der Giersch ungeahnte Schönheit entwickeln. Frauenmantel, Funkien, Pfingstrosen oder große Mohnsorten werden zum Beispiel ohne Probleme mit dem ungeladenen Gast fertig. Mit seinen weißen fedrigen Doldenblüten kann er auch zwischen Rosen sehr hübsch aussehen.

Und wie steht es mit dem Löwenzahn, dem meine Mutter erbittert und mit einem von meinem Vater speziell dafür zurechtgeschliffenen Messer zu Leibe rückte? Gnadenlos stach sie die gezackten Blattrosetten aus, wo immer sie sich zeigten, damit es gar nicht erst zur gelben Blüte, geschweige denn zur Pusteblume kam. Es war ein aussichtsloser Kampf, denn unser Garten grenzte zu drei Seiten an Felder und Wiesen. Der Wind trug erbarmungslos die Samen mit ihrer fantastischen Flugausrüstung über den Zaun.

Auch das Ausstechen ist so eine Sache für sich: Man sieht dem Gewöhnlichen Löwenzahn *Taraxacum sect. Ruderalia* seine bis zu einem Meter lang werdende Pfahlwurzel nicht an, mit der er sich fest im Boden verankert. Gelingt es einem nicht, sie vollständig zu entfernen, treibt sie wieder aus, und zwar meist mehrfach. Ich höre noch heute die Unmutslaute meiner Mutter, wenn ihr mal wieder eine dieser Wurzeln abbrach.

Dem Löwenzahn seine positiven Seiten abzugewinnen gelang ihr nicht. Seine jungen Blätter als Salat zu verwenden verschmähte sie, die als Kind die Kriegsjahre miterlebt hatte und alles verabscheute, was damals der Notspeiseplan hergab. Allein bei der Erwähnung des Kaffeeersatzes, der aus der getrockneten Wurzel des Löwenzahns hergestellt wird, schüttelte es sie, verband sie damit doch schlimme Erinnerungen an jene Zeit.

Als Kinder machten wir die Erfahrung, dass der Milchsaft aus den Stielen hässliche Flecken auf Fingern und Kleidern hinterlässt. Interessante Gebilde ergaben sich, wenn man die innen hohlen Blütenstiele an den Enden aufsplisste und in kaltes Wasser legte. Dann rollten die Enden sich nämlich spiralförmig auf.

War die Zeit der Pusteblume gekommen, liefen wir auf die benachbarten Wiesen und ließen die Samen in die Lüfte steigen. Staunend folgte unser Blick diesen filigranen Flugobjekten, die so federleicht über die Gegend segelten.

Dass bis vor Kurzem nicht einmal die Wissenschaft durchschaute, wie es die Pusteblumensamen schaffen, dabei so weite Strecken zurückzulegen, ohne der Erdanziehungskraft zu unterliegen, davon hatte ich keine Ahnung. Erst als ich im vergangenen Herbst in einem Artikel von der Entschlüsselung des Geheimnisses las, stieß ich darauf.

Lange Zeit fragten sich Physiker, warum der Löwenzahn im Laufe der Evolution nicht ein richtiges Schirmchen über seinem Samen entwickelt hatte, sondern »nur« einen Strahlenkranz aus behaarten Filamenten, gleich dem Gerippe eines Regenschirms ohne Bespannung. Wäre nicht eine geschlossene Tragfläche, die weniger Luft durchließe, viel praktischer, fragte man sich und hatte dabei beispielsweise den Ahorn mit seinen Propellerflügelchen im Sinn. Denn man dachte lange nur in die eine Richtung: dass dieses Schirmgeripe irgendwie durch Luftwiderstand dahinsegelte und den Fall damit sanft abbremste. Zugleich war klar, wie wenig diese Erklärung eigentlich ausreichte angesichts der Strecken, die diese winzigen Flugobjekte in der Luft schwebend zurücklegen.

Im schottischen Edinburgh fand ein Forscherteam nun heraus, dass es überhaupt nicht um den Luftwiderstand geht, sondern im direkten Umfeld der Haarfilamente in aerodynamischer Hinsicht viel erstaunlichere Kräfte wirken. Die Luft, die durch den Härchenschirm hindurchströmt, erzeugt nämlich oberhalb des Schirms einen fürs bloße Auge nicht sichtbaren, während des gesamten Flugs stabil bleibenden Luftwirbel, gebildet aus unterschiedlichen Luftdruckverhältnissen, die das Objekt kontinuierlich nach oben ziehen und damit der Schwerkraft entgegenwirken. Das klingt kompliziert und ist es auch. Und ganz schön raffiniert, selbst die Edinburgher Forscher waren tief beeindruckt, hatte man dieses Phänomen doch bis 2018 noch nirgendwo sonst beobachtet. Sie nannten es »Separated Vortex

Ring«, kurz SVR. Nun wollen sie untersuchen, ob es noch anderswo in der Natur vorkommt – natürlich auch, wie der Mensch es technisch nutzen könnte.

Und solche physikalischen Wunder nennen wir Unkraut? Im Grunde bezeichnen wir mit diesem Wort lediglich Pflanzen, die sich unserem Ordnungssinn widersetzen. Meine Mutter wollte einen grünen Rasen, und gelbe Tupfen darin störten sie, also mussten sie weg. Wenn sich in unserem Rosenbeet der Giersch breitmacht, dann hat er uns zuvor nicht gefragt, und eigentlich hatten wir eine andere Vorstellung davon, wie das Beet aussehen sollte. Eine gute Vorstellungskraft, wie sich Pflanzen, die man als Ableger einpflanzt oder gar aussät, in der Gemeinschaft entwickeln werden, ist eine wichtige Eigenschaft für eine Gärtnerin und einen Gärtner. Dazu gehören Erfahrung und die Kenntnis darüber, wie groß und breit die Pflanzen werden und in welchem Tempo das geschehen wird, wann wer blüht und welche Bedingungen sie alle dafür benötigen. Störenfriede machen einem dann einen Strich durch die Rechnung, beanspruchen Platz, der für Lieblinge vorgesehen war, stehlen Wasser und Nährstoffe, wachsen anderen Pflanzen über den Kopf und nehmen ihnen das Licht. Das Kraut an sich betrachtet mag sogar ganz hübsch sein – wie zum Beispiel das Glockenblümchen – oder nützlich für die Bodenbeschaffenheit wie der Klee, doch wenn es nicht in unser Bild passt, muss es eben weg.

Das ist der Unterschied zwischen einem angelegten Garten und einer Wiese. Denn wenn wir auch in den vorherigen Kapiteln Blüten und ihre Familien als Individuen isoliert betrachtet haben, so leben Pflanzen doch immer in einem größeren Zusammenhang, in Gemeinschaften, und bilden erst gemeinsam ein Ganzes. Beim Gärtnern versuchen wir nach unserem persönlichen Geschmack eine Gemeinschaft zu schaffen. Dabei geht es uns meistens um Farben und Formen im zeitlichen Ablauf eines Pflanzenjahrs.

Ich habe beobachtet, dass ein Garten, von dem man sehr genaue Vorstellungen hat, wie er aussehen sollte, eine Menge Arbeit macht. Das Unkrautjäten gehört dazu wie das tägliche Duschen. Ich liebe meinen Blumengarten, habe aber nicht die Zeit, mich täglich um Rivalitätsstreitigkeiten meiner Anvertrauten zu kümmern. Die Blumengemeinschaft in meinem Garten muss miteinander klarkommen, Machtkämpfe sollten sie in der Regel untereinander ausfechten. Nur wenn die Kräfteverhältnisse gar zu einseitig werden, dann stürze ich mich ins Getümmel und entferne behutsam allzu hartnäckige Okkupanten. Und mit den Jahren habe ich gelernt, wer gut zusammenpasst und wer eher nicht.

Heute wurden mir beispielsweise von einer netten Dame in meinem Dorf Ableger einer wunderschönen Lilie angeboten. Als ich nachfragte, warum sie die gesamte Pflanze aus ihrem Garten verbannen wolle, erfuhr ich, dass die Wurzeln dieser Lilie einen massiven Felsbrocken, der ihren Hanggarten befestigen musste, beiseitegeschoben hatten. Daraufhin verzichtete ich dankend auf die Gabe. Einen derartigen Kraftprotz hole ich mir nicht in den Garten, so prächtig er auch blühen mag.

Die schöne Ordnung, auf die meine Freundin Mary so viel Wert legt – und dies mit Erfolg, denn ihr Garten ist eine wahre Augenweide –, die war bei mir spätestens dahin, als ich bedenkenlos ein Päckchen mit einer Samenmischung für eine Insektenweide ausstreute. Wie damals als kleines Mädchen hatte mich der bunte Aufdruck auf der Samenpackung fasziniert. In jenem Jahr explodierte mein vier auf vier Meter angelegtes Hochbeet, das früher einmal der Sandkasten eines Kindergartens gewesen war, in den schönsten Farben. Die Abbildung auf der Packung hatte nicht gelogen. Noch heute entdecke ich Nachfahren von Blumen, die ich noch nie in meinem Leben gesehen habe und erst durch aufwendige Recherche identifizieren kann, wie zum Beispiel den anmutigen Prärie-Sonnenhut.

Mir gefällt das. In diesem Frühjahr konnte ich wegen eines komplizierten Armbruchs überhaupt nicht eingreifen, weder neue Pflanzen setzen oder säen noch irgendwelche anderen aussortieren. Stattdessen musste ich darauf vertrauen, dass die Wesen in meinem Beet sich schon irgendwie arrangieren würden. Und was soll ich sagen – mein Garten war auch ohne mein Zutun eine bunt und wild blühende Pracht.

Ich musste an jenes Aquarell von Albrecht Dürer denken, das er *Das große Rasenstück* genannt hat. Wir alle kennen die kostbaren und eindrucksvollen Blumenstillleben vieler großer Maler. Darauf sind in der Regel die Stars aus den Gewächshäusern dargestellt, denn statt sich jede Woche einen – damals noch unerschwinglich teuren – Strauß zu kaufen, hängte man sich ein Bild über die Anrichte, und damit war es gut.

Dürer jedoch nahm sich ein ordinäres Stück Wiese vor und bildete es mit all seinem Können ab. Darauf entdecken wir weder Tulpen noch Rosen, sondern diverse Gräser, Gänseblümchen, Ehrenpreis, Schafgarbe – und Löwenzahn, und diesen sogar in seiner unansehnlichsten Vegetationsperiode, die gelben Körbchen sind verblüht, und die Kugel mit den silbernen Pusteblümchen ist noch nicht aufgeblüht. Auch vom Gänseblümchen sehen wir nur die Blattrosette. Dem Künstler geht es hier nicht um die Pracht der Blüten, sondern um die Pflanzen an sich – und um ihre Gemeinschaft. Deshalb hat er sie auch mitsamt ihren Wurzeln abgebildet, unauffällig, im angedeuteten Erdreich nur zu erahnen.

Vielleicht machen wir uns viel zu selten klar, dass in der Natur alles miteinander verbunden ist. Kein Lebewesen steht für sich allein. Deshalb sind die Eingriffe des Menschen auch so verheerend. Das Fällen von Tausenden von Bäumen im Urwald, um von ihren Ästen eine bestimmte, aus einer Laune des Menschen heraus gerade besonders gefragte Sorte Orchideen abzusammeln, zerstörte einen ganzen Kosmos der Kohabitation. Denn diese Bäume waren nicht nur die Heimat solcher Orchideen, sondern auch zahlloser anderer Lebewesen, die wiederum Nahrung boten für weitere – eine schier unendliche Kette, die wir Menschen in unserer Ignoranz und Selbstbezogenheit längst nicht überschauen.

Auch wir stehen nicht für uns allein. Inzwischen ist es vielen bewusst geworden, welche Konsequenzen beispielsweise das Insektensterben für uns haben wird. Ohne Pflanzen sind wir nicht überlebensfähig, so einfach ist das. Sie liefern uns Nahrung und sorgen dafür, dass wir Luft zum Atmen haben.

Vielleicht beruhen viele Irrtümer, die der Mensch im Laufe der vergangenen Jahrtausende begangen hat, unter anderem auf dem fatalen Übersetzungsfehler im Alten Testament, wenn Gott im 1. Buch Mose, Vers 28, in den Mund gelegt wird: »Seid fruchtbar und mehret euch und füllet die Erde und machet sie euch untertan ...«

Eigentlich müsste es heißen: »... und sorget gut für sie.« Denn wer für die Erde, für die Natur gut sorgt, der sorgt auch für sich selbst.

Für dieses Büchlein habe ich mir erlaubt, Stars wie die Rose, die Tulpe, die Nelke und die Orchidee mit unscheinbaren Pflänzchen wie dem Gänseblümchen oder der Kapuzinerkresse zu mischen. Denn es müssen nicht immer die Königinnen sein, an denen wir uns möglicherweise schon sattgesehen haben. Wenn wir uns dagegen einen Augenblick Zeit nehmen und während eines Spaziergangs auch noch die kleinste Blüte am Wegrand pflücken und mit nach Hause nehmen, sie dort in ein Wasserglas stellen und ein wenig genauer betrachten, stellen wir fest, dass es keine großen Ausgaben im Floristikgeschäft braucht, um uns den Zauber des Blühens zu vergegenwärtigen. Viele solcher kurz aus der Zeit getretenen Augenblicke in der Begegnung mit der uns umgebenden Blütenwelt wünsche ich Ihnen von Herzen.

Zitatquellen

Die Rose
S. 17 f: Frei zitiert nach Hildegard von Bingen: *Physica* oder *Das Buch der einfachen Medizin*, entstanden 1150–1158.

Die Tulpe
S. 26: Frei zitiert nach John Gerard, Thomas Johnson: *Gerard's Herbal*, Band 1, Kapitel 87, London 1633.

Die Orchidee
S. 64: *I Ging* 易經/易经, übersetzt: Buch der Wandlungen, gilt als einer der ältesten sog. klassischen chinesischen Texte. Seine Entstehungsgeschichte wird auf das 3. Jahrtausend vor unserer Zeitrechnung datiert.

Das Veilchen
S. 83: Frei zitiert nach Hildegard von Bingen, a. a. O.

Der Kaktus
S. 100: Rolf Marbot ist der Autor und Komponist des Lieds *Mein kleiner grüner Kaktus*, das durch das Berli-

ner Vokalensemble Comedian Harmonists zum ersten Mal am 15. November 1934 aufgeführt wurde.

Die Kamelie
S. 125: Zitiert nach Michael von Allesch, Gisela Caaspersen, Bernhard Knorr: *Kamelien*, Ellert & Richter Verlag, Hamburg 2006, S. 8.

Gänseblümchen und Co.
S. 146: Frei zitiert nach Hildegard von Bingen, a. a. O.
S. 154 f.: Albrecht Dürers *Das große Rasenstück*, Aquarell und Deckfarben, mit Deckweiß gehöht, auf Karton aufgezogen, 40,8 × 31,5 cm, befindet sich in der grafischen Sammlung der Albertina in Wien.

ISBN 978-3-7160-2788-2

Originalausgabe
1. Auflage 2020
© 2020 Arche Literatur Verlag AG, Zürich-Hamburg
© Covergestaltung: Hauptmann & Kompanie Werbeagentur,
Zürich
Alle Rechte vorbehalten
Gesetzt aus der Minion Pro
Satz: Pinkuin Satz und Datentechnik, Berlin
Druck und Bindung: CPI books GmbH, Leck
Printed in Germany

www.arche-verlag.com
www.facebook.com/ArcheVerlag
www.instagram.com/arche_verlag

Geschenkbücher im Arche Literatur Verlag

George Saunders
Herzlichen Glückwunsch übrigens.
Ein paar Gedanken zur Güte

Titus Müller
Einfach mal spazieren gehen

Jens Steiner
Weihnachten könnte so schön sein.
Drei Erzählungen

Christoph Peters
Diese wundersame Bitterkeit.
Leben mit Tee